Isabeau de Bavière

kleine bayerische biografien

herausgegeben von
Thomas Götz

KARIN SCHNEIDER-FERBER

Isabeau de Bavière

Frankreichs Königin aus dem Hause Wittelsbach

Verlag Friedrich Pustet
Regensburg

kleine bayerische biografien

Biografien machen Vergangenheit lebendig: Keine andere literarische Gattung verbindet so anschaulich den Menschen mit seiner Zeit, das Besondere mit dem Allgemeinen, das Bedingte mit dem Bedingenden. So ist Lesen Lernen und Vergnügen zugleich.
Dafür sind gut 100 Seiten genug – also ein Wochenende, eine längere Bahnfahrt, zwei Nachmittage im Café. Wobei klein nicht leichtgewichtig heißt: Die Autoren sind Fachleute, die wissenschaftlich Fundiertes auch für den verständlich machen, der zwar allgemein interessiert, aber nicht speziell vorgebildet ist.
Bayern ist von nahezu einzigartiger Vielfalt: Seinen großen Geschichtslandschaften Altbayern, Franken und Schwaben eignen unverwechselbares Profil und historische Tiefenschärfe. Sie prägten ihre Menschen – und wurden geprägt durch die Männer und Frauen, um die es hier geht: Herrscher und Gelehrte, Politiker und Künstler, Geistliche und Unternehmer – und andere mehr.
Das wollen die KLEINEN BAYERISCHEN BIOGRAFIEN: bekannte Personen neu beleuchten, die unbekannten (wieder) entdecken – und alle zur Diskussion um eine zeitgemäße regionale Identität im Jahrhundert fortschreitender Globalisierung stellen. Eine Aufgabe mit Zukunft.

DR. THOMAS GÖTZ, Herausgeber der Buchreihe, geboren 1965, lehrt Neuere und Neueste Geschichte an der Universität Regensburg. Veröffentlichungen zu Stadt und Bürgertum in der Neuzeit.

Inhalt

Prolog: Die »schöne Isabeau« – Ein Opfer der öffentlichen Meinung?

Eine schlechte Presse zu haben, war noch zu keinen Zeiten besonders empfehlenswert. Das allzu heftige Brodeln in der Gerüchteküche brachte damals wie heute dichte Schwaden von Unwahrheiten, Halbwissen, Diffamierungen, übler Nachrede hervor, die schwer zu widerlegen waren und deren scharfer Nachgeruch sich lange hielt. Der Umgang mit »Fake News« fiel in Jahrhunderten, in denen die Mehrzahl der Menschen nur sehr begrenzten Zugang zu Informations- und Kommunikationsmitteln besaß, nicht unbedingt leichter als im Zeitalter medialer Dauerpräsenz. Wenige historische Persönlichkeiten litten aber so nachhaltig an einem schlechten Ruf wie die Wittelsbacherin Elisabeth, die mitten in den Wirren des Hundertjährigen Krieges nach Frankreich heiratete und an der Seite ihres Gemahls, Karls VI., den französischen Thron bestieg.

Jung war sie, als sie nach Paris kam, 15 Jahre alt, lebenshungrig und gewissenhaft darauf bedacht, die Rolle, die ihr die höfische Gesellschaft als erster Dame des Königreiches zuwies, auszufüllen. Die plötzliche schwere Erkrankung ihres Gatten riss sie unversehens hinein in das Parteiengezänk eines weitgehend handlungsunfähigen Hofes, dem sie kaum etwas entgegenzusetzen hatte – zu mächtig waren ihre Gegner. Der landfremden, politisch unerfahrenen jungen Frau gegenüber brachen alle Dämme. Was warf man ihr nicht alles vor: Ehebruch mit ihrem Schwager, Vernachlässigung ihrer Kinder und ihres geisteskranken Gemahls, Verschwendungssucht und Vetternwirtschaft, Landesverrat durch Paktieren mit den Engländern, Verleumdung des eigenen Sohnes und Thronfolgers als Bastard – Vorwürfe der übelsten Sorte, die eine »schwarze Legende« begründeten, hinter der ihr wahres Gesicht verschwand.

Am Herd der brodelnden Gerüchteküche stand als Chefkoch der Herzog von Burgund, Johann Ohnefurcht, der sich nach dem Tod seines Vaters Philipp des Kühnen 1404 vom Regentschaftsrat und damit vom Zugang zur Macht ausgeschlossen sah. Der Frontwechsel Elisabeths von der einst engen Partnerschaft der Häuser Wittelsbach und Burgund hin zu einer Allianz mit den Orléans, verkörpert in der Person des galanten, sinnenfrohen Königsbruders Ludwig von Orléans, war der Anlass für den ehrgeizigen Burgunderherzog Johann Ohnefurcht, die allgemeine Stimmung gegen die herrschende Hofclique anzuheizen. Er tat dies mit einer Gründlichkeit, die selbst Aufstand, Revolten und politisch motivierte Morde nicht ausschloss. Das Jahr 1405 wurde zum ganz persönlichen Wendepunkt für die Königin – fortan war die öffentliche Meinung gegen sie eingenommen, und dieser Stimmungsumschwung erwies sich als irreversibel. Selbst ein erneuter Parteiwechsel 1417 zurück zu den Burgundern konnte daran nichts mehr ändern. Ihr Versuch, durch die Verheiratung ihrer Tochter mit dem englischen König einen dynastischen Ausgleich mit England zu erwirken und über ihren Enkel Heinrich VI. eine englisch-französische Doppelmonarchie zu begründen, erntete selbst unter der Partei der Orléanisten heftige Kritik. Die Königin galt als schlechte Mutter, die mit ihren Winkelzügen ihrem eigenen Sohn den Thron vorenthielt.

Dieses Bild von ihr blieb lange bestehen, fand Eingang selbst in französische Schulbücher. Auch wenn sie inzwischen weitestgehend rehabilitiert wurde und längst nicht mehr für alle Übel Frankreichs in dieser anarchischen Zeit verantwortlich gemacht wird – eine positiv besetzte Figur ist sie immer noch nicht geworden, allenfalls eine tragische. Zu den großen Frauen der Weltgeschichte zählt man sie nicht. Dafür reicht ihre (politische) Bilanz nicht aus, obwohl sich ihr Leben, von spektakulären Höhen und Tiefen geprägt, als Exempel für ein krisengeschütteltes Jahrhundert durchaus eignen würde.

Ist Elisabeth von Bayern, die man in Frankreich als Isabeau de Bavière kennt, durch ihre enge Verstrickung in die Politik Frankreichs während des Hundertjährigen Krieges nicht eigentlich als Person der französischen Geschichte anzusprechen? Dürfte sie streng genommen in einer bayerischen Biografien-Reihe gar nicht auftauchen? Die Königin Frankreichs gab darauf selbst eine Antwort: Ihrer bayerischen Heimat blieb sie zeitlebens verbunden. Nicht nur, dass sie die Wittelsbachische Hauspolitik in Italien tatkräftig unterstützte und sich um eine Anerkennung Ruprechts von der Pfalz als römischen König bemühte; in den Zeiten der bittersten Not holte sie ihren Bruder Ludwig den Bärtigen, Herzog des Teilherzogtums Bayern-Ingolstadt, zu sich und übertrug ihm mehr und mehr politische Macht. Zwischen 1407 und 1415 stieg der Bayernherzog zu einer bestimmenden Figur am Hofe auf – reich begütert und vornehm verheiratet in Frankreich. Bayerische Edelleute und Hofdamen fanden ihren Weg mit ihm nach Paris, heirateten wiederum in französische Adelsfamilien ein. Ergebnis der bayerisch-französischen Wechselbeziehung war nicht zuletzt die Abrundung des Ingolstädtischen Herrschaftsbereichs, die Herzog Ludwig mit französischem Geld bewerkstelligte. So wirkte die Herrschaft Elisabeths/Isabeaus auf Bayern immer wieder zurück.

Wie alle Frauen ihres Standes und ihrer Zeit heiratete sie an einen fremden Hof, um »ihr Glück zu machen«, ohne dabei die Interessen ihrer Herkunftsfamilie völlig aus den Augen zu verlieren. Mit dem »Glück« war das allerdings so eine Sache: Unter den vielen Schicksalsschlägen, die sie politisch und privat durchlebte, dürfte ihr individuelles Wohlbefinden stark gelitten haben. Mangels aussagekräftiger Selbstzeugnisse lässt sich darüber jedoch wenig Gesichertes aussagen. Zumindest die ersten Jahre ihrer Ehe nahmen sich sorglos aus. Ihre Anfänge in Paris hätten glänzender kaum ausfallen können. Sie war, nach einem Wort ihres bayerischen Onkels Friedrich, »eine der größten Damen der Welt geworden« – zum Ruhme Frankreichs, aber mehr noch zum Ruhme des Hauses Wittelsbach.

1 Ein märchenhafter Aufstieg: Von Bayern nach Paris

EINE FRAU AUS GUTEM HAUSE: DIE WITTELSBACHER

Die Chronisten beschreiben Isabeau kurz nach ihrer Ankunft in Frankreich als strahlenden Mittelpunkt der Hofgesellschaft, als charmante, junge Frau von wohlerzogener, ansprechender Jugend, frisch, gutherzig, süß, hübsch gekleidet, gefällig anzusehen, ein kleiner Mund, der wohlgesetzt redet, geschickt im Tanzen und Singen. »Nie sah man von einem zarten Körper solche Macht ausgehen, noch von einem Jugendlichen solche Weisheit wie bei ihr«, wie es der Dichter Othon de Grandson ausdrückte. Auch wenn solche Beschreibungen den zeittypischen Überhöhungen entsprachen, lässt sich aus ihnen ablesen, dass Isabeau die Rolle, die ihr die höfische Gesellschaft als Ehefrau des Königs und erster Dame des Reiches zuwies, in vollem Umfang und zur Befriedigung ihrer Umgebung erfüllte. Als »großmächtige und großgütige Fürstin«, »voll der Ehren und Weisheit«, als die sie die Dichterin Christine de Pisan rühmte, erfüllte sie alle Erwartungen, die man an die »vorbildlichste Dame des Königreiches« stellte. Das war nicht unbedingt selbstverständlich angesichts der Tatsache, dass Isabeau als blutjunges Mädchen von 15 Jahren ohne Französischkenntnisse und weitgehend ohne heimischen Anhang einigermaßen überstürzt nach Frankreich gekommen war.

Als Angehörige des Hauses Wittelsbach gehörte sie zwar einer der angesehensten Familien des Heiligen Römischen Reiches an, die mit Ludwig dem Bayern zwischen 1314 und 1347 und mit Ruprecht von der Pfalz von 1400 bis 1410 eigene Kandidaten auf den römisch-deutschen Königsthron brachten, doch eine Einheirat an den französischen Königshof war dennoch kein »Selbstläufer«. Neben der Wittelsbacherin gab es weitere Bewerberinnen. Zeitgenössische Chronisten berichten, dass Maler im Auftrag des französischen Hofes nicht nur nach Bayern, sondern auch nach Lothringen und Österreich

Der Stammsitz der Wittelsbacher befand sich einst in Oberwittelsbach in der Nähe von Aichach. An Stelle der Burg steht heute die Kirche Maria vom Siege.

ausschwärmten, um Portraits von Heiratskandidatinnen aufzunehmen. Außerdem waren Bewerberinnen aus Schottland, Kastilien und Lancaster im Gespräch. Dass der französische Hof sehr wählerisch bei der Auswahl der künftigen Königin war, ließ sich auch an dem Verfahren ablesen, gemäß dem die potentielle Braut vor der Eheschließung von älteren Hofdamen auf ihre Gebärfähigkeit hin überprüft wurde – für Herzog Stephan III. von Bayern-Ingolstadt, den Vater Isabeaus, ein einziges Grauen! Er fürchtete die Schande einer Ablehnung. Da er überdies seit dem frühen Tod seiner Frau ein sehr inniges Verhältnis zu seinem jugendlichen Töchterchen pflegte, wollte er sie am liebsten in seiner Nähe verheiratet sehen. Einer ersten Anfrage 1383 erteilte er daher eine Absage.

DIE ELTERN ISABEAUS

Aus den Kindertagen Isabeaus ist wenig bekannt. Ihren Vater, Herzog Stephan III., nannte man wegen seiner aufwändigen Hofhaltung »den Kneißel«, was so viel wie »der Prächtige« oder »der Prachtliebende« heißt. Er war der älteste Sohn Herzog Stephans II, genannt »mit der Hafte«.

Eine Dynastie mit vielen Zweigen: Die bayerischen Teilherzogtümer

Die über 700 Jahre andauernde Herrschaft der Wittelsbacher über Bayern begann im Jahr 1180, als Kaiser Friedrich Barbarossa seinen treuen Parteigänger Otto I. von Wittelsbach mit dem Herzogtum Bayern belehnte. Geschickte Heiraten, glückliche Erbgänge und treue Kaiserdienste vermehrten den Besitz ein ums andere Mal – im frühen 13. Jahrhundert konnte die Pfalzgrafschaft bei Rhein erheiratet werden. Auf die Dauer gelang es jedoch nicht, den vergrößerten Machtkomplex in einer Hand zu konzentrieren. Immer wieder gab es Streit unter den erbberechtigten Söhnen, die zu Teilungen des Herzogtums führten. 1255 setzten sich die beiden ungleichen Brüder Ludwig II. und Heinrich XIII. über den Wunsch ihres Vaters, Otto II., des Erlauchten, hinweg, das Land gemeinsam zu regieren, und nahmen folgende Aufteilung vor: Der ältere Ludwig erhielt die Pfalz und Oberbayern, Heinrich Niederbayern. Nach dem Erlöschen der niederbayerischen Linie fiel deren Erbteil 1340 wieder dem oberbayerischen Zweig zu. Ludwig der Bayer, seit 1314 König und seit 1328 Kaiser, durfte sich über diese unverhoffte »Wiedervereinigung« freuen – umso mehr, als er doch gerade erst einige Jahre zuvor im Hausvertrag von Pavia (1329) seinen beiden Neffen die Pfalzgrafschaft bei Rhein sowie die Oberpfalz überlassen hatte, was die endgültige Trennung der Pfalz von Bayern und damit die Entstehung einer zweiten wittelsbachischen Hauslinie bedeutete. Bezüglich der Kurwürde, die mit der Pfalz verbunden war, hatte man sich darauf geeinigt, sie abwechselnd auszuüben, was sich auf Dauer jedoch nicht durchhalten ließ. Die Goldene Bulle, die erste »Verfassungsurkunde« des Reiches (1356), die das Verfahren zur Königswahl regelte, sprach der Pfälzer Linie schließlich die Kurwürde zu.

Nur zwei Jahre nach Ludwigs Tod brach das vergrößerte Wittelsbacher-Imperium unter seinen sechs Söhnen aus zwei Ehen unwiderruflich auseinander: 1349 steckten die Erben im Landsberger Vertrag ihre Interessensphären ab. Ludwig V. bekam zusammen mit seinen Stiefbrüdern Ludwig VI. und Otto V. Oberbayern mit Tirol und der Mark Brandenburg zugesprochen, Stephan II. erhielt mit seinen Stiefbrüdern Wilhelm I. und Albrecht I. Niederbayern und die Grafschaften im Norden. Letztere Erbengruppe teilte im Regensburger Vertrag 1353 ihre Gebiete weiter auf: Stephan II. erhielt den südwestlichen Teil Niederbayerns mit Landshut als Residenz, seine beiden Brüder den nordöstlichen Teil mit Straubing als Residenzstadt sowie die Grafschaften im Hennegau und in Holland, wobei sich Albrecht zunächst in Straubing häuslich niederließ, nach der schweren Erkrankung seines Bruders Wilhelm aber dessen nördliche Herrschaften übernahm und dadurch das Herzogtum Niederbayern-Straubing-Holland schuf.

In der nächsten Generation drohten weitere Zersplitterungen. Stephan II., der nach dem Tod seines Neffen, des Sohns Ludwig V., ab 1363 auch wieder Oberbayern regierte, hatte wiederum drei Söhne, die sich nicht sonderlich zugetan waren. Der älteste von ihnen, Isabeaus Vater Stephan III., der Kneißel, regierte nur bis 1392 gemeinsam mit seinen Brüdern, dann waren die Gemeinsamkeiten aufgebraucht und es kam erneut zur Teilung: Stephan III. erhielt Bayern-Ingolstadt, sein Bruder Friedrich Niederbayern-Landshut und der jüngste, Johann II., Bayern-München.

Zu diesem Zeitpunkt lebte Isabeau längst in Paris. Ohne Frage schwächten die Teilungen, die oft mit heftigen Auseinandersetzungen einhergingen, die Bedeutung des Hauses Wittelsbach im Reich. Erst 1505 fanden nach dem Landshuter Erbfolgekrieg die bayerischen Territorien wieder zusammen. Die Einführung des Primogeniturgesetzes unter Herzog Albrecht IV., das allein dem ältesten Sohn die Erbberechtigung zusprach, verhinderte einen neuerlichen Zerfall des Herzogtums.

Der »Kneißel« regierte bis zur Landesteilung von 1392 das bayerische Herzogtum gemeinsam mit seinen jüngeren Brüdern Friedrich und Johann. Die Quellen beschreiben ihn als einen »fröhlich Mann« mit einer Leidenschaft für Turniere, Mode, schöne Frauen und üppige Feste. Eine vorteilhafte Heirat kam ihm demnach äußerst gelegen, und so nahm er eine der reichsten Frauen Italiens, Thaddäa Visconti, zur Frau. Deren Vater Bernabò Visconti verfügte als Stadtherr von Mailand nicht nur über eine strategisch äußerst günstig gelegene Herrschaft in der Lombardei, an der niemand, der über die Alpen nach Süden zog, vorbeikam, sondern auch über märchenhafte Reichtümer, die es ihm ermöglichten, sieben seiner Töchter je 100.000 Gulden Mitgift zukommen zu lassen. Die Einnahmen aus dem reichen oberitalienischen Handel machten dies möglich.

Thaddäa gebar ihrem lebenslustigen Mann bald nach der Hochzeit einen Sohn, Ludwig den Bärtigen (geb. um 1368), und Anfang des Jahres 1370 eine Tochter, die auf den Namen Elisabeth getauft wurde. Das Mädchen kam vermutlich in München, im heutigen Alten Hof, zur Welt, doch lassen sich sowohl Geburtsjahr als auch Geburtsort nur aus indirekten Angaben erschließen. Als sie 1383 für eine Heirat in Erwägung gezogen wurde, beschrieb sie ihr Onkel Friedrich als »etwa dreizehn bis vierzehn Jahre alt«, eine Angabe, die andere Quellen bestätigen. Für den Geburtsort München spricht die Tatsache, dass sie in ihrem Testament der dortigen Liebfrauenkirche, in der sie vermutlich getauft wurde, einen großen Teil ihrer Hinterlassenschaft zu vermachen gedachte. Aufgewachsen wird sie wohl an wechselnden Residenzen sein – München, Landshut und Ingolstadt kommen dafür in Frage, denn der herzogliche Hof kannte noch keine feste Ortsbindung.

Das Unglück traf die kleine Familie hart, als Thaddäa mit kaum 30 Jahren am 28. September 1381 starb und ihre Kinder im Alter von elf und knapp 13 Jahren zurücklassen musste. Ludwig und Elisabeth bewahrten ihrer geliebten Mutter zeitlebens ein ehrendes Andenken und stifteten im Erwachsenenalter jährliche Seelenmessen für sie. So gedachte man später auch in Paris der verstorbenen bayerischen Herzogin.

In der Münchner Herzogsresidenz, dem Alten Hof, kam Isabeau im Jahr 1370 vermutlich zur Welt

Die verwaiste Herzogstochter erhielt nichtsdestotrotz eine solide Erziehung. Sie lernte Lesen und Schreiben und beherrschte zumindest so viel Latein, dass sie der Messe folgen, Stundenbücher und Heiligenviten lesen konnte. Sie zeigte Interesse an Literatur und Vogelzucht und liebte Blumen. Mit ihrem älteren Bruder Ludwig verband sie ein enges Band. Die Geschwister standen sich sehr nahe, was nach dem Aufstieg Elisabeths zur französischen Königin Früchte trug: Auf ihren großen Bruder konnte sie sich stets verlassen, und in Zeiten der bittersten Not übertrug sie ihm ohne zu zögern politische Verantwortung.

Elisabeth lebte längst in Paris, als ihr Vater ein zweites Mal heiratete. Der sinnenfreudige Herzog, bereits im 64. Lebensjahr stehend, suchte sich für seinen zweiten Lebensabschnitt eine 40 Jahre jüngere Frau: Elisabeth von Kleve, die aus dem höchst angesehenen reichsgräflichen Fürstenhause Kleve und Mark stammte und trotz ihrer Jugend bereits selbst Witwe war. Die am Niederrhein begüterte Familie verfügte unter anderem über gute verwandtschaftliche Verbindungen auch zum hennegauisch-holländischen Zweig der Wittelsbacher, der die Eheschließung vermutlich vermittelte. Im Januar 1401 hielt das ungleiche Paar im Rahmen der Krönungsfeierlichkeiten Ruprechts von der Pfalz Hochzeit in Köln. Die Ehe blieb kinderlos. Bis zum Tod Stephans III. 1413 stand die junge Herzogsgemahlin getreulich an der Seite ihres Gatten, den sie auf zahlreiche Reisen begleitete.

Das Verhältnis zu ihrem Stiefsohn Ludwig dem Bärtigen erwies sich allerdings als schwierig, denn der Erbe des Hauses Bayern-Ingolstadt fürchtete finanzielle Einbußen, sollte die junge Herzogin tatsächlich die im Ehevertrag vereinbarte Witwenpension von jährlich 6000 Gulden ausbezahlt bekommen. So verweigerte er ihr die Auszahlung der Gelder nach dem Tod des Vaters und nötigte dadurch seine Stiefmutter, Kleidung und Schmuck zu versetzen. Jahrelang zog sich der Familienstreit hin, obwohl Elisabeth selbst König Sigismund um Vermittlung anging. Ludwig übernahm nur widerwillig einen Teil ihrer Schulden und setzte eine Reduzierung ihrer Ansprüche auf ein Drittel durch, die er jedoch ebenfalls nicht beglich. Zuletzt zahlte er ihr 1430 lediglich eine einmalige Abfindung von 12.000 Gulden aus. Gedemütigt lebte die Herzoginwitwe bis zu ihrem Tod nach 1439 in Köln.

Der prachtliebende Stephan hinterließ neben seinen zwei legitimen Kindern aus erster Ehe noch einen unehelichen Sohn, den er aber in weiser Voraussicht noch zu seinen Lebzeiten standesgemäß absicherte: Johann von Moosburg war wie viele illegitime Kinder für eine geistliche Laufbahn vorgesehen. Er studierte 1378 eine Weile in Bologna und erhielt zur Versorgung eine Pfründe als Domprobst von Freising. Seine Wahl zum Bischof von Freising im selben Jahr ließ sich zwar nicht durchsetzen, doch schlug für ihn die Stunde des Erfolgs 1384 nach dem Ableben des Regensburger Bischofs Theoderich von Abensberg. Tatkräftig vom Vater unterstützt, setzte Johann in Rom bei Papst Urban VI. seine Ernennung zum Administrator der Regensburger Kirche durch. Urban war sehr daran gelegen, den Bayernherzog in Zeiten des Großen Abendländischen Schismas auf Seiten der römischen Obödienz zu halten. So stimmte er dem Unternehmen zu. Der vom Regensburger Domkapitel inzwischen gewählte Kandidat musste sich zurückziehen, Johann von Moosburg wurde zum neuen Bischof. Er amtierte 25 Jahre lang bis zu seinem Tod 1409.

Die Ausgabenfreude scheint Johann von Moosburg vom Vater geerbt zu haben: Er machte sich vor allem durch seine verschwenderische Hofhaltung und seine erfinderische Finanzpolitik einen Namen. Er nahm Kredite auf, besteuerte seinen Klerus, rief Ablässe aus, verpfändete Güter und Rechte, um an Geld zu kommen. Sein korrupter Generalvikar Peter von Remagen war überall verhasst und wurde schließlich gestürzt und eingesperrt. Vom Sinn für Pracht und Luxus des Bischofs, der sich durch all dies freilich keinen guten Ruf erwarb, zeugt immerhin ein erlesenes Reliquienkästchen aus Email und Silber aus dem Regensburger Domschatz, das, kostbar mit 52 Tierdarstellungen verziert, vermutlich französischer Provenienz ist. Das Einhorn als Symbol der Menschwerdung Christi sowie die Zahl 52, die an die Wochen des Jahres erinnert, könnte auf eine Neujahrsgabe aus dem Hause Valois deuten. Seines künstlerischen Ranges wegen wird es als französische Arbeit aus der Zeit um 1400 eingestuft – jene Jahre also, in denen die Stiefschwester Johanns von Moosburg, Elisabeth, Königin von Frankreich war.

DIE »BLITZHOCHZEIT« VON AMIENS

Als 1385 über Stephans Bruder Friedrich die zweite Bitte des französischen Königshofes um die Hand der bayerischen Herzogstochter eintraf, konnte der zögernde Vater sie nicht noch einmal verweigern. Er achtete aber auf höchste Diskretion, um jegliche »Panne« bei der Brautschau zu vermeiden. Seine Tochter sollte mit ihrem Onkel Friedrich eine Pilgerfahrt nach Amiens zum Haupt des heiligen Johannes des Täufers unternehmen und dabei dem jungen, knapp 17-jährigen französischen König Karl VI. vorgestellt werden. So konnte ein Treffen abseits des großen Protokolls stattfinden. Der französische Chronist Jean Froissart überliefert die drohenden Worte, die Herzog Stephan seinem Bruder Friedrich mit auf den Weg gab: »Wisset, dass Ihr keinen ärgeren Feind haben werdet als mich, wenn Ihr sie mir zurückbringt.«

In Begleitung ihres Onkels, ihrer Amme und ihrer Vertrauten Katharina von Fastavarin brach Elisabeth mit kleinem Gefolge zum größten Abenteuer ihres noch jungen Lebens auf. Ob sie über den wahren Zweck ihrer Reise aufgeklärt worden war, bleibt ungewiss. Spätestens aber am Hofe ihrer Wittelsbachischen Verwandten in Hennegau-Holland dürfte sie darüber unterrichtet worden sein, dass weitaus mehr auf dem Reiseprogramm stand als nur die Besichtigung der Reliquien. Im Haushalt ihres Großonkels Albrecht I., der neben seinem Herzogtum Niederbayern-Straubing auch die Grafschaften von Hennegau, Holland und Seeland regierte, wurde sie in einem vierwöchigen »Benimmkurs« unter Leitung ihrer Großtante Margarete von Liegnitz-Brieg auf ihre Begegnung mit dem jungen König vorbereitet. Die Wittelsbachische Verwandtschaft hatte bereits Erfahrungen im Umgang mit den

Höfen von Burgund und Frankreich gesammelt, so dass sie wertvolle Tipps für das dortige standesgemäße Auftreten geben konnte. Vor allem die Garderobe des jungen Mädchens musste erneuert werden, um dem Geschmack am ausländischen Hof zu entsprechen.

Anfang Juli brach die um die holländische Verwandtschaft vergrößerte Reisegesellschaft in Richtung Amiens auf. Dort war der Bräutigam in spe, Karl VI., bereits eingetroffen und wartete im erzbischöflichen Palais der Stadt ungeduldig auf die erste Begegnung mit Elisabeth. Am 14. Juli betrat eine sichtlich verschüchterte, aber in wertvolle Garderobe gekleidete junge Frau den großen Saal der erzbischöflichen Residenz, wo Karl zusammen mit hochrangigen französischen Adligen, angeführt von seinem Vormund und Onkel, Herzog Philipp dem Kühnen von Burgund, schon auf sie wartete. Verlegen sank Elisabeth vor dem französischen König auf die Knie, der sie bewundernd aufhob. »Und als sie dar kam und sie der Kunig ansah, da geviel sie ihm wol und was frölich und empfieng sie löblich und willigclich, als im wol anstund«, berichtete der schwäbische Chronist Burkhard Zink über dieses Ereignis, während sein französischer »Kollege«, der Zeitzeuge Jean Froissart, überliefert: »Die junge Dame stand ruhig da und bewegte weder Auge noch Mund; und zu dieser Zeit konnte sie auch nicht Französisch.«

Doch trotz ihrer »Sprachlosigkeit« war der junge König von Elisabeth begeistert. Ihre zierliche Figur, ihre schwarzen Haare und ihre dunklen Augen – wohl eine Erbe ihrer italienischen Mutter – begeisterten ihn. Auf die Frage, ob die junge Dame Frankreichs Königin werden solle, antwortete Karl nach dem Zeugnis Froissarts mit einem begeisterten: »Meiner Treu, ja!« Er selbst, jung, hochgewachsen, sportlich, blond und sehr galant, dürfte den Erwartungen seiner künftigen Gattin ebenfalls entsprochen haben. So stand dem Ehebund nichts mehr im Wege.

Karl pochte auf eine sofortige Eheschließung und setzte seine Hochzeit – für alle überraschend – bereits drei Tage später an. So konnten keine großen Vorbereitungen für das

Fest getroffen werden. Für eine Fürstenhochzeit völlig unüblich, gab es keinen Ehevertrag und keine Mitgift, selbst der Onkel des Königs, der Herzog von Burgund, der ansonsten als die bestimmende Figur bei Hofe galt und die Hochzeit eigentlich in Arras stattfinden lassen wollte, musste nachgeben. Am 17. Juli 1385 gaben sich die bayerische Herzogstochter und der französische König in der großen Kathedrale von Amiens das Ja-Wort. Ein anschließendes Festmahl mit dem Auftritt von Spielleuten und Jongleuren rundete die »Blitzhochzeit« ab. Aus der Wittelsbacherin Elisabeth war die Königsgattin Isabeau geworden, wie die französisierte Form ihres Namens lautete. Ihre Urkunden unterzeichnete sie eigenhändig mit »Ysabel«.

Man spürt eine gewisse Erleichterung aus den Worten Herzog Friedrichs von Bayern, als er seinem Bruder Stephan III. den glücklichen Abschluss des Eheprojektes vermelden konnte und ihm mitteilte, seine Tochter sei nun »eine der größten Damen der Welt« geworden. Während die bayerische Verwandtschaft am Tag nach der Hochzeit schon wieder abreiste, blieb Isabeau in Begleitung ihrer Amme und ihrer Freundin Katharina in der fremden Umgebung zurück. Ihre Betreuung übernahmen hochadlige französische Hofdamen, die sie in die Sitten und Gebräuche des Hoflebens einführten, ihr die Landessprache beibrachten und jeden ihrer Schritte überwachten. Es war ein goldener Käfig, in den sie geraten war.

DIE POLITISCHEN HINTERGRÜNDE DER HOCHZEIT

Obwohl alle Chronisten betonen, dass es sich bei der Hochzeit in Amiens um eine Liebesheirat gehandelt habe, stand die hohe Politik als Trauzeuge mit am Ehebett. Die Verbindung fügte sich wie ein letztes Puzzleteil in die dynastischen Pläne der großen europäischen Adelsfamilien vor dem Hintergrund des Hundertjährigen Krieges ein. Seitdem die Häuser Valois und Plantagenet um die Krone Frankreichs stritten, teilte ein unsichtbarer Riss den Kontinent in zwei verfeindete Lager.

Als strahlend jugendliches Paar wurden Isabeau und ihr Mann, König Karl VI. von Frankreich, als Statuen im Justizpalast von Poitiers abgebildet. – Abgüsse der Originalstatuen stehen in der »Cité de l'architecture et du patrimoine«, Paris

Ausgangspunkt des Streites waren die umstrittenen Ansprüche des englischen Königs Eduard III. als Enkel Philipps des Schönen auf die französische Krone, die ab 1339 in eine direkte militärische Konfrontation der beiden Großmächte mündeten.

Beide Parteien suchten für ihre Interessen Bündnisse zu gewinnen, die in der Regel durch ein System von Heiratsverbindungen abgesichert wurden. Schon Karl V., der Vater Karls VI., hatte gehofft, durch eine eheliche Verbindung einer seiner Töchter mit dem Haus Wittelsbach dieses für seine Seite verpflichten zu können, doch scheiterten diese Pläne. Da die Wittelsbacher nicht nur Bayern und die Pfalz beherrschten, sondern seit einem glücklichen Erbgang auch die Grafschaften Hennegau, Holland und Seeland, waren sie als Bündnispartner für das Haus Valois von besonderem Interesse: Sie konnten als Gegengewicht zu den reichen Gewerbestädten von Flandern und Brabant eingesetzt werden, die ihrer Wirtschaftsstrukturen wegen stets eng mit England kooperierten. Als 1383 ein französisches Heer zu einem Feldzug gegen die in Flandern einfallenden Engländer aufbrach, war es daher ein Zeichen gewachsener bayerisch-französischer Beziehungen, dass sich nicht nur die Hennegauer Wittelsbacher im Feldlager zu Arras einfanden, sondern auch der bayerische Verwandte, Herzog Friedrich, der Bruder Stephans III. Friedrich trat dabei in ein regelrechtes Dienst- und Pensionsverhältnis zum französischen König, das ihm eine Jahrespension von 4000 Francs einbrachte.

In diesem Rahmen scheinen auch erstmals Pläne näher erörtert worden zu sein, die eine Verheiratung des noch unmündigen französischen Königs Karl mit einer bayerischen Braut vorsahen, wofür Friedrich seine gerade im geeigneten Alter stehende Nichte Elisabeth vorschlug. Das Anliegen verfolgte man in Frankreich umso dringlicher, als kurz zuvor der englische König Richard II. eine Schwester des römisch-deutschen Königs Wenzel aus dem Hause Luxemburg geheiratet hatte, womit eine engere Allianz zwischen England und dem Heiligen Römischen Reich drohte. Da die Luxemburger nicht nur die schärfsten Rivalen der Wittelsbacher im Reich waren, sondern darüber hinaus auch in Böhmen und Ungarn herrschten, drohte hier ein Machtkomplex von einigem Gewicht zu entstehen.

Als ob dies nicht schon genug des Parteienhaders gewesen wäre, entstand in Italien ein weiterer »hotspot« der europäischen Politik, der für nachhaltige Unruhe sorgte: Seit 1378

Isabeaus früh verstorbene Schwiegereltern, König Karl V. und Johanna von Bourbon. Ersterer trug wegen seiner Belesenheit den Beinamen »der Weise«. – Statuen im Musée du Louvre, Paris

herrschten nach einer strittigen Papstwahl gleich zwei Päpste über die Christenheit: Urban VI., der in Rom residierte, und Clemens VII., der von Avignon aus seine Amtsgeschäfte führte. Beide Oberhirten erhielten jeweils Unterstützung aus unterschiedlichen Lagern. Während das Heilige Römische Reich,

England, Böhmen und Ungarn sowie Ober- und Mittelitalien überwiegend an Urbans Seite standen, versammelten sich Frankreich, Spanien, Portugal, Schottland und Neapel-Sizilien hinter Clemens. Dabei handelte es sich aber nicht um festgefügte Machtblöcke, sondern um recht flexible Allianzen, die sich je nach Interessenlage der Beteiligten rasch ändern konnten. Hatte Frankreich zunächst gehofft, die Unterstützung König Wenzels für Clemens VII. zu finden, musste es sich in seinen Bemühungen enttäuscht sehen, als dieser 1383 den französischen Gesandten eine harsche Absage erteilte und stattdessen verwandtschaftliche Beziehungen zu den Plantagenet knüpfte. Die eindeutige Haltung der Luxemburger ließ in der Gunst des französischen Königshofes wiederum die Wittelsbacher steigen, die zwar einerseits als treue Romanhänger galten, andererseits aber ihren dynastischen Vorteilen allemal den Vorrang einzuräumen bereit waren. So erhoffte Herzog Friedrich sich von seiner Teilnahme am Flandernfeldzug nach den Worten Froissarts nicht weniger als »alle Ehre und jegliche Ritterlichkeit in Frankreich zu finden«. Eine bayerisch-französische Heiratsallianz passte daher auch vor dem italienischen Hintergrund ganz gut in das Kalkül der beiden Mächte.

Gleichzeitig beflügelte die kirchliche Misere die politische Zersplitterung Italiens, das wegen der Abwesenheit einer starken Zentralmacht in eine Vielzahl kleinerer und größerer Herrschaftskomplexe zerfiel, in denen reiche Emporkömmlinge oder ehemalige Condottieri sich zu Stadttyrannen aufschwangen und gegenseitig bekämpften. Einer von diesen streitbaren Machthabern war Bernabò Visconti, der märchenhaft reiche Herr von Mailand, der drei seiner Töchter nach Bayern vergab. Neben Thaddäa heirateten nämlich später auch ihre Schwestern Magdalena und Elisabeth in das jenseits der Alpen gelegene Herzogtum ein, was angesichts des Kinderreichtums Bernabòs aber nichts allzu Besonderes war, brachte er seine überaus zahlreichen Nachkommen doch in fast allen bedeutenden Adelsfamilien unter. Als er 1385 von seinem jungen Neffen Giangaleazzo Visconti entmachtet und ermordet wurde, machten seine Erben an den diversen Fürstenhöfen mobil, um eine antimailändische Liga herbeizuführen. Die bayerischen Herzöge unterstützen sie in ihrem Anliegen und hofften dabei auf die Hilfe Frankreichs, das gleichwohl 1387 eine Tochter Giangaleazzos, Valentina, als künftige Braut für den jüngeren Bruder Karls VI., Ludwig von Orléans, akzeptierte. Auch hier kreuzten sich die Interessen der Häuser Wittelsbach und Valois auf sehr unterschiedliche Weise.

DIE MACHT DES HAUSES BURGUND

Die Seele der bayerisch-französischen Beziehungen bildete jedoch Philipp der Kühne, Herzog von Burgund und Bruder des verstorbenen französischen Königs Karl V., der im Regentschaftsrat für den unmündigen Thronfolger den Ton angegeben hatte – und das aus durchaus eigennützigen Motiven. Da er sich in Burgund eine sehr eigenständige Herrschaft aufzubauen gedachte und in Flandern eigene (Erb-)Ambitionen hegte, lag ihm ein gutes Verhältnis zu den benachbarten Wittelsbachern in besonderem Maße am Herzen.

Sein eigener Ehrgeiz traf sich dabei mit dem Herzog Albrechts I. von Niederbayern-Straubing-Holland, der für seine sieben Kinder eine sehr solide Zukunft in den führenden Familien Europas plante. An seinem blühenden Hof in Den Haag pflegte Albrecht einen ritterlichen Lebensstil, förderte so gut er konnte die holländischen Städte und schöpfte die Einnahmen aus dem florierenden Handel an den Mündungen der Flüsse Rhein, Maas und Schelde zu seinen eigenen Gunsten ab. Mit diesem Potential im Rücken ging er auf Brautschau für seine Kinder: So verheiratete er seine älteste Tochter Katharina mit Herzog Wilhelm von Jülich, seine zweite, Johanna, mit dem künftigen König Wenzel, eine weitere, Johanna Sophie, mit Herzog Albrecht von Österreich. Die Krönung seiner Bemühungen war indes die Übereinkunft mit Philipp von Burgund, zwei seiner eigenen Sprösslinge mit zwei Kindern des Burgunders zu vermählen. Philipps Sohn und Erbe Johann Ohnefurcht sollte dabei Albrechts Tochter Margarete heiraten, während Albrechts Sohn und Nachfolger Wilhelm die Hand der Tochter Philipps erhielt, die ebenfalls Margarete hieß.

Am 12. April 1385 fand die traumhafte Doppelhochzeit von Cambrai statt, zweifellos ein Triumph der Diplomatie, der beiden Seiten höchsten Nutzen versprach. Acht Tage lang wurde fürstlich gefeiert und alles, was Rang und Namen hatte, war dazu geladen. Angeblich sollen 20.000 Gäste das Fest miterlebt haben, das zu einem der größten Ereignisse des Jahrhunderts wurde. Der Burgunderherzog hatte einen doppelten Vorteil davon: Er konnte weitgehend ungestört seine zwischen dem Reich und Frankreich gelegene Herrschaft ausbauen und wusste gleichzeitig einen Bündnispartner an seiner Seite, der bei Bedarf gegen England zum Schutze der flandrischen Gebiete zu mobilisieren war.

Angesichts dieser Interessenüberschneidungen lag die Verheiratung einer bayerischen Herzogstochter mit dem hochrangigsten Vertreter des Hauses Valois, dem französischen König persönlich, in mehrfacher Hinsicht »in der Luft« – vorausgesetzt die betreffenden Personen stimmten zu. Herzog Stephan gab nach reiflicher Überlegung schließlich sein Einverständnis zu der vorteilhaften Verbindung, der Bräutigam zeigte sich begeistert angesichts der Anmut seiner jungen Frau – und Isabeau wurde erst gar nicht lange gefragt. Sie hatte sich zu fügen. Als »Opfer der Politik« wurde sie in eine Konstellation hineingestellt, die von ihr selbst kaum beeinflussbar war. Der »goldene Käfig«, in den sie geriet, konnte sich jeden Moment in eine tödliche »Schlangengrube« verwandeln, sobald sich auch nur geringfügigste Veränderungen der politischen Gesamtlage ergaben.

2 »Von Blumen und Lilien umschlossen« – Die Königskrönung in Paris

EIN FEST FÜR ALLE SINNE

Die Chronisten waren sich einig: Dies war das bislang größte Fest, das Frankreich je gesehen hatte! »Nie, wie die Alten sagten, hatte man in diesem Königreich gesehen, dass ein größeres Fest veranstaltet wurde«, urteilte eine Notiz in den Registres du Parlement über den ersten offiziellen Einzug Isabeaus in Paris anlässlich ihrer Krönung im August 1389. Vier Jahre nach ihrer Trauung ehrte das Königreich die junge Gemahlin des Königs zu ihrer Weihe mit einem Reigen an Vergnügungen, deren Umfang und Raffinement keine Wünsche offen ließ.

Karl VI. scheute keine Kosten und Mühen, um seine geliebte Gattin aus dem fernen Herzogtum Bayern seinen Landsleuten als rechtmäßige Königin vor Augen zu führen. In der Rechnungskammer war sogar eine eigene Sonderabteilung geschaffen worden, um die Kosten für die Feierlichkeiten zu tragen. Und die fielen erheblich aus: Angeblich 120.000 Gäste von nah und fern nahmen an dem sechs Tage währenden Spektakel teil, das weit prächtiger ausfiel als für jede andere »First Lady« zuvor. Die erfahrene Blanche von Navarra, Witwe König Philipps VI., hatte die Organisation übernommen und die Zeremonie nach alten Vorbildern, aber ergänzt und bereichert um eigene Akzente, gestalten lassen. »Man wird in vielen Ländern davon reden, wie die Königin von Frankreich das erste Mal in Paris eingezogen ist«, stellte ein Zeitzeuge danach mit Genugtuung fest.

Das pompöse Programm ehrte dabei nicht nur die junge Königin, sondern auch Karl VI. selbst, der damit deutlich machte, dass für sein Reich nun, nachdem er im November 1388 die Alleinherrschaft angetreten hatte, neue Zeiten angebrochen waren – erfüllt von Sinnenfreude und Sorglosigkeit, fernab der Nöte des Hundertjährigen Krieges und unabhängig vom Einfluss mächtiger Hofparteien, die ihn lange dominiert hatten.

DER EINZUG IN PARIS

Am Sonntag, den 22. August 1389, setzte sich vom Kloster Saint-Denis aus ein grandioser Festumzug in Bewegung. Strahlender Mittelpunkt des Zuges: Isabeau, in einer Sänfte sitzend, deren Bemalung farblich ganz auf ihre Garderobe abgestimmt war. Ein Traum aus rosaroter Seide und karminrotem Samt umhüllte ihren Körper, bestickt mit goldenen Lilien und zusammengehalten von Knöpfen in Form kleiner Blumenbuketts. Ein reich mit Diamanten besetzter Kopfschmuck prangte auf ihrem Haupt. Begleitet wurde sie von den vornehmsten Männern und Frauen Frankreichs, darunter den mächtigen Onkeln des Königs, den Herzögen von Burgund, Berry und Bourbon, und dem Königsbruder Ludwig mit seiner jungen Frau Valentina Visconti. Selbst Vertreter der Wittelsbachischen Verwandtschaft waren in der Person Wilhelms von Ostrevant, des Sohnes des Grafen von Hennegau, und seiner Schwester Margarete vertreten. Auf geschmückten Pferden und in weiteren Sänften reihten sich Ritter und Edelfräulein in den Umzug ein, farblich apart aufeinander abgestimmt: Die Damen des Hofstaates und die Hofbediensteten trugen wie die Königin Rosa, die zahlreichen Vertreter des Bürgertums dagegen grüne Roben. Der König selbst hatte diese Farben ausgewählt.

An der ersten »porte de Saint-Denis« erwartete die Festgesellschaft bereits ein fulminanter Höhepunkt: eine szenische Darstellung, bei der als Engel verkleidete Kinder aus einem sternenübersäten Himmel traten und Lieder sangen, während eine als Gottesmutter verkleidete Frau der Königin das Jesuskind anbot, das freundlich mit einer aus einer Nuss gebildeten Rassel grüßte. Fortan war der Weg durch Paris gesäumt von lebenden Bildern, Mysterienspielen und Huldigungsbezeugungen. Am Dreifaltigkeitskloster war ein Schaugerüst mit einer Burg aufgebaut, vor der eine Schlachtenszene aus der Zeit der Kreuzzüge aufgeführt wurde – Richard Löwenherz im Kampf gegen Saladin und die Sarazenen. Zur Erfrischung sprudelten aus den Brunnen Wein und Milch, hübsch geschmückte Mädchen boten Rot- und Gewürzweine in silbernen Kelchen an. An den Straßenrändern drängten sich die Menschen und jubelten

Der offizielle Einzug Isabeaus in Paris anlässlich ihrer Krönung 1389 galt als herausragendes Ereignis, das in vielen bebilderten Handschriften seinen Niederschlag fand. – Buchmalerei aus »Chroniques de France et d'Angleterre«, Jean Froissart, um 1400

der jungen Königsgemahlin zu. Alle waren entzückt, als der Festumzug an der zweiten »porte de Saint-Denis« unter einem sternenbestickten Himmel mit der Darstellung der Heiligen Dreifaltigkeit hielt und zwei »Engel« herabschwebten, um Isabeau eine Krone aus Gold und Edelsteinen aufs Haupt zu setzen: »Dame, von Blumen und Lilien umschlossen, Königin seid Ihr von Paris, von Frankreich und dem ganzen Land, wir verkünden das im Paradies«, riefen sie. Dann schwebten die Engel-Kinder, von einer mechanischen Apparatur gezogen,

Die Kathedrale Notre-Dame, errichtet zwischen 1163 und 1345, ist Sitz des Erzbischofs von Paris und gilt als herausragendes Beispiel der französischen Frühgotik.

wieder in die Höhe. Überall Musik und Trompetenklang, Hochrufe und Blumen im Überfluss.

Der Festzug kam nur im Schneckentempo voran. Die Seine überschritt man auf einer Brücke, die mit blauem Taft, bestickt mit goldenen Lilien, bezogen war. Es dämmerte schon, als der Zug endlich die Kathedrale von Notre-Dame erreichte, wo das nächste atemberaubende Spektakel wartete: Aus einem Turm der Kathedrale trat ein als Engel verkleideter Seiltänzer hervor, ein Künstler aus Genua, der zwei Kerzen in Händen hielt und allerlei Kunststücke vollführte, bis er wieder festen Boden unter den Füßen hatte. Isabeau entstieg nun ihrer Sänfte und wurde vom Bischof Pierre d'Orgemont und dem Domkapitel in die Kathedrale geleitet, wo sie vor dem Altar kniend ein Diadem empfing. Im Gegenzug schenkte sie der Schatzkammer von Notre-Dame jene Krone, die ihr während des Festumzuges gereicht worden war.

Paris – Die unvergleichliche Stadt an der Seine

Schon im ausgehenden 14. Jahrhundert gehörte Paris zu den vielbewunderten Städten Europas und übertraf mit etwa 200.000 Einwohnern alle anderen Metropolen des Kontinents an Größe. Seitdem der Kapetinger-König Heinrich I. um die Mitte des 11. Jahrhunderts die Stadt an der Seine zu seiner bevorzugten Residenz erkoren hatte, stieg sie zum unbestrittenen politischen, wirtschaftlichen und kulturellen Zentrum des Landes auf.

Von ihrer günstigen Lage am Schnittpunkt wichtiger Verkehrswege zu Lande und zu Wasser profitierten sowohl Handel als auch Gewerbe. Zünfte und Kaufleute verdienten gutes Geld, nicht zuletzt dank der Förderung des Königshofes und der vielen Handelsmärkte, die hier stattfanden. »Tout le monde« traf sich in Paris, wenn Weine aus Burgund, Tuche aus Flandern oder Salz aus der Bretagne über die Theken gingen. An eigenen Luxuswaren bot die Stadt erlesene Goldschmiedearbeiten und edelste, mit Gold- und Silberfäden durchwirkte Woll- und Seidenstoffe sowie Gobelins, Elfenbeinschnitzereien und Buchmalereien an. Aber auch die geistige Elite gab sich an der Seine ein Stelldichein. Die angesehensten Gelehrten unterrichteten an der Anfang des 13. Jahrhunderts gegründeten Universität, die aus der Kathedralschule von Notre-Dame hervorgegangen war. Zu ihnen zählten u. a. die Dominikaner Albertus Magnus und Thomas von Aquin.

Entschlossen gingen die Kapetinger-Könige an den Ausbau der Stadt, deren Zentrum die Seine-Insel, die Île de la Cité, bildete, auf der sich Königsschloss, Justiz- und Finanzverwaltung sowie die Bischofskirche befanden. Seit 1163 wuchs der Neubau der Kathedralkirche empor, die mit ihren riesigen Dimensionen von 127 m Länge, 48 m Breite und knapp 35 m Höhe sowie ihrem reichen Skulpturenschmuck und den Maßwerkfenstern ein Meisterwerk der Frühgotik darstellte. Ihr gegenüber stand der stetig aus- und umgebaute, stark befestigte

Königspalast, der mit der Sainte-Chapelle ein eigenes herausragendes liturgisches Zentrum besaß. Die zweigeschossige Palastkapelle, freistehend im Innenhof des Schlosses platziert, wurde um 1241/44 von König Ludwig IX., dem Heiligen, begonnen, um von Byzanz erworbene Passionsreliquien würdevoll unterzubringen. Die Oberkapelle, in der sie in einem wertvollen Schrein lagen, ließ sich von den königlichen Gemächern aus betreten. Die Sainte-Chapelle wurde mit ihren 20,50 m Innenhöhe und ihren riesigen Fensterflächen ein Traum aus Glas und Licht. Die steilen, himmelwärts strebenden Proportionen und der gedämpfte Lichteinfall erzeugten eine Atmosphäre des Übernatürlichen. Die bunten Glasfenster nahmen eine Fläche von 670 qm (ohne Westrose) ein. Mächtige Apostelfiguren und ein bunter Wand- und Gewölbedekor ergänzten die überaus kostbare Ausstattung. Mit der »heiligen Kapelle«, die den König ein Vermögen kostete, wurden einmal mehr Sakralität und Legitimation des französischen Königtums belegt und sein auf dem Gottesgnadentum beruhender Machtanspruch zur Schau gestellt. In ihrer Pracht, Fülle und Zierlichkeit glich sie selbst einem wertvollen Schatzkästchen.
Mit der Hauptstadtfunktion ging ein kontinuierlicher Ausbau des Stadtgebietes einher. Nach und nach wurden das linke und rechte Seine-Ufer besiedelt. König Philipp II. August (1180–1223) ließ einen festen Mauerring mit 100 runden Türmen, 13 Toren und Wehrgang um das Stadtgebiet legen und durch eine vorgelagerte mächtige Burg, den Louvre, schützen. Unter König Karl V. (1364–1380) wurde dieser durch einen erweiterten Mauerring ins Stadtgebiet einbezogen.

Als die Zeremonie vollendet war, umfasste die Festgesellschaft draußen bereits die dunkle Nacht, doch 500 Kerzen sorgten für eine würdige Festbeleuchtung. Isabeau betrat nun den alten Königspalast auf der Île de la Cité, wo sie von ihrem Gemahl und der Königinwitwe Blanche empfangen wurde. Der König hatte am Festumzug offiziell nicht teilgenommen, um Isabeau die Hauptrolle an diesem Tag ganz zu überlassen, hatte sich aber inkognito unters Volk gemischt. Die ganze Ballgesellschaft brach in helles Gelächter aus, als sie erfuhr, wie der unerkannte König mit seinem Gefährten die Hiebe übereifriger Polizeibüttel erntete, als er sich allzu sehr der Königin näherte.

ZUM BEISTAND BERUFEN: DIE KRÖNUNG

Erst am nächsten Tag fand der eigentliche Akt des Festes statt: die Krönung Isabeaus in der Sainte-Chapelle der königlichen Residenz, die neben ihrer architektonischen Pracht zusätzlich noch mit Stoffbahnen, die die Wappen Frankreichs und Bayerns zeigten, ausgeschlagen war. Der Erzbischof von Rouen und der Abt von Saint-Denis leiteten die Zeremonie. Unter Beisein des Königs und des Hofes nahm Isabeau unter einem goldenen Baldachin Platz. Vor dem Altar der Oberkapelle kniend, empfing sie an Kopf und Brust die Salbung mit Öl, wobei der Erzbischof Wilhelm von Vienne die Formel sprach: »Im Namen des Vaters und des Sohnes und des Heiligen Geistes, diese Salbung diene dir zur Ehre und zur ewigen Bestätigung, so sei es.« Danach erhielt sie die Insignien der Macht: Ring, Szepter, Gerechtigkeitshand und Krone. Mit den Worten »Nimm die Krone des Ruhmes und der Freude, damit Du strahlend und gekrönt vor Freude auf immer glänzen mögest« setzte ihr der Erzbischof von Rouen die mit Perlen und Edelsteinen reich verzierte Krone aufs Haupt. Die Herzöge bekundeten mit ausgestreckten Händen ihre Unterstützung und begleiteten sie zum Thron.

Der Weiheakt machte deutlich, welche Aufgabe die Königin zu erfüllen hatte: Sie war ausersehen, dem König in allen Angelegenheiten als Partnerin zur Seite zu stehen. Der Akt legitimierte die Herrschaftspartizipation der Königin, die »zum Beistand des Königreiches« berufen war. Obwohl sie Anteil an der göttlich legitimierten Königswürde hatte, blieb ihre Rolle aber gegenüber ihrem Mann, dem König, untergeordnet. Dies kam in der Krönungszeremonie zum Ausdruck: So erhielt Isabeau nicht die Salbung an den Schultern und kam auch nicht in den Genuss

In der prachtvollen Hofkapelle des Palastes auf der Seine-Insel, der Sainte-Chapelle, fand Isabeaus Krönung statt

des in Reims verwahrten heiligen Öls, mit dem die Könige Frankreichs traditionellerweise gesalbt wurden und das ihnen eine besondere Heilkraft verleihen sollte, die sie angeblich in die Lage versetzte, selbst Krankheiten zu kurieren. Für die Weihe der Königin fand nur einfaches Salböl Verwendung. So besaß sie durch die Krönung zwar einen legitimen Herrschaftsanspruch, doch blieb es ihrem Geschick, ihrem Auftreten, ihrem »Charisma« überlassen, inwieweit sie diesen Anspruch in reale Macht umsetzen konnte. Erst Jahre später sollte sich für Isabeau diese Dimension der Weihe bitter erweisen.

(K)EIN HERZ FÜR DAS VOLK?

Die Bürger von Paris zeigten sich enttäuscht, vor allem, weil sie sich nach all den hohen Aufwendungen eine Steuerermäßigung erhofft hatten. Stattdessen wurde die Salzsteuer sogar noch erhöht, um die Unkosten für die Krone wieder einzuholen. So senkte sich über das grandiose Fest ein Schatten, den Isabeau zwar nicht persönlich zu verantworten, als Mitglied des Königshofes jedoch mitzutragen hatte: der unsensible Umgang mit dem Volk. Während die Festgäste am 28. August reich beladen mit Geschenken in Gold und Silber, die den Hof Tausende von Francs kosteten, Paris verließen, blieben die Bürger auf ihren Mehrausgaben sitzen.

Ein Blick auf wenige Jahre zurückliegende Ereignisse hätte das Königspaar eines Besseren belehren können: 1382 waren in mehreren französischen Provinzen auf Grund des enormen Steuerdrucks Aufstände ausgebrochen. Der Hundertjährige Krieg, den Frankreich mit England wegen umstrittener Thronansprüche ausfocht, ließ das Land regelrecht ausbluten. Phasenweise reichte das Geld der Krone nicht einmal aus, um die Militärausgaben zu decken, geschweige denn eine verschwenderische Hofhaltung zu finanzieren. Münzverschlechterungen und Steuererhöhungen führten zu großer Verbitterung im Volk, das zudem unter der Geißel der Pest zu leiden hatte. Vielerorts erhob sich Protest: In Rouen plünderten mehrere hundert Weber die Häuser reicher Bürger, die sie für korrupt hielten. In Paris marschierten bewaffnete Bürger durch die Straßen und vertrieben die königlichen Steuerpächter. Es gab schwere Unruhen mit Plünderung von Bürgerhäusern, schweren Übergriffen auf die Judengemeinde und einem Sturm auf das Rathaus. Auch in den reichen Städten Flanderns kam es zu schweren Aufständen, die nur mit Waffengewalt und blutigen Vergeltungsmaßnahmen niedergerungen werden konnten. Verbitterung und Missmut machten sich unter der Bevölkerung breit.

Doch für diese Stimmungen im Volk hatte das Königspaar keine ausgeprägten Sensoren. Selbst zur Geburt des Thronfolgers Karl 1386 konnte es sich nicht dazu durchringen, Steuerentlastungen zu bewilligen. »Überall herrschte Freude«, berichtete der Chronist Jean Juvénal des Ursins. »Und so sehr man auch in früherer Zeit Gewohnheit hatte, Almosen zu tun und das Volk von allen Lasten, die man ihm auftat, zu befreien, so wurde doch von all dem nicht getan noch gezeigt, dass man es tun wollte.«

So nahm sich das Krönungsfest von 1389 wie ein glänzendes, gleichwohl kurzlebiges Intermezzo vor dem Hintergrund einer von Krieg, Pest und Wirtschaftskrisen geschüttelten Gesellschaft aus. Nur allzu schnell sollte sich erweisen, dass das Pendel des Schicksals auch zurückschlagen konnte.

3 Auf der Sonnenseite des Lebens: Die ersten Ehejahre

KINDERSEGEN UND HÖFISCHE ANNEHMLICHKEITEN

Die ersten Ehejahre verbrachte Isabeau weitgehend unbeschwert in angenehmem Luxus. Mit ihrem Mann verband sie eine stürmische Liebe, die fast jedes Jahr zu einer neuen Schwangerschaft führte. Schon im Jahr nach ihrer Hochzeit, am 25. September 1386, schenkte sie hoch beglückt dem Thronfolger Karl das Leben. Die Trauer um seinen frühen Tod im Alter von nur drei Monaten wich im Juni 1388 mit der Geburt der Tochter Johanna neuer Freude. Beim nächsten Großereignis, der glanzvollen Krönung 1389, war Isabeau wiederum guter Hoffnung und brachte am 9. November 1389 ihre Tochter Isabella zur Welt. Nach dem Tod Johannas und einer weiteren Entbindung von einer Tochter, erneut Johanna getauft, 1391 stellte sich erst mit dem fünften Kind 1392 wieder ein potentieller Thronfolger ein, wiederum Karl genannt, der allerdings schon im neunten Lebensjahr verstarb. Kontinuierlich hielt der Kindersegen bis 1407 an: 1393 erblickte Marie das Licht der Welt, die später als Ordensfrau in Poissy lebte, im Januar 1395 folgte Michelle, die nachmalige Herzogin von Burgund, zwei Jahre später, 1397, wurde der Sohn Ludwig geboren, der bis zu seinem frühen Tod 1415 als Thronfolger galt. Diese Stellung ging an seinen 1398 geborenen Bruder Johann über, der allerdings ebenfalls nur kurz, bis 1417, lebte. 1401 folgte eine weitere Tochter, Katharina, die als junge Frau ins englische Königshaus einheiratete. Mit dem Sohn Karl traf am 22. Februar 1403 endlich Frankreichs nächster König, Karl VII., ein. Am 10. November 1407 brachte die Königin den Letztgeborenen, Philipp, zur Welt, der jedoch nur wenige Stunden lebte.

Insgesamt gebar Isabeau zwölf Kinder, von denen acht das Erwachsenenalter erreichten. Von den Beschwernissen ständiger Schwangerschaften und Geburten und der Trauer um die früh verstorbenen Kinder abgesehen, konnte sie der Zukunft mit Zuversicht im Kreise ihrer wachsenden Familie entgegensehen. Den Fortbestand der Dynastie sicherte sie zum Wohlgefallen ihrer Umgebung sehr augenfällig.

Der französische Hof bot ihre dabei alle Annehmlichkeiten, die sie sich nur wünschen konnte. Bereits kurz nach ihrer Hochzeit erhielt sie einen eigenen Hofstaat, der dem ihres Mannes in verkleinertem Rahmen nachempfunden war. Ab 1393, nach Ausbruch der Erkrankung Karls, sollten die Ausgaben der Königin von denen des Königs getrennt werden; sie verfügte über eine eigene Rechnungs- und Silberkammer. An der Spitze der Verwaltung standen ein Oberhofmeister und vier Hofmeister, die Ausgaben und Finanzen kontrollierten. Je fünf hochadlige Hofdamen und -fräulein, jeweils unter Führung einer »première dame«, kümmerten sich dagegen um das persönliche Wohl der Königin, unterhielten und begleiteten sie, übernahmen aber auch festgelegte Arbeiten. So gab es eine Siegelbewahrerin, eine Kanzlerin, mehrere Gouvernanten für die Beaufsichtigung der Kinder, Leib- und Kammerzofen, eine »Parfumeuse« und eine Bibliothekarin, die im Namen der Königin Handschriften und Bücher für Isabeaus eigene Bibliothek erwarb. Die niederen und handwerklichen Tätigkeiten übte gewöhnliches Dienstpersonal aus: Schneider, Kürschner, Sticker, Gewürzmeister, Beschließer, Pferdeknechte, Kellermeister; ein Leibarzt zur Überwachung der Gesundheit der Königin und ihrer Kinder trat selbstverständlich hinzu.

Hofmeister und Hofdamen lebten am Hofe, wurden dort entlohnt und verköstigt und nahmen an allen Festen und Feierlichkeiten des Hoflebens teil, wofür sie regelmäßig mit kostbarer Festtagskleidung ausstaffiert wurden. Zu besonderen Gelegenheiten wie auch zu Neujahr erhielten sie überdies wertvolle Geschenke wie Schmuckstücke oder Tafelsilber. Zur Pflege ihres religiösen Lebens stand der Königin eine eigene Hofkapelle mit sechs Priestern zur Verfügung.

So ermangelte es Isabeau wahrlich nicht an Komfort.

—

Die älteste Residenz der französischen Könige in Paris lag auf der Seine-Insel (Île de la Cité). Karl V. ließ das Gebäude nach dem Umzug in den Louvre von einem Verwalter, einem Concierge, beaufsichtigen, nach dem es den Namen Conciergerie erhielt. In Teilen der einstigen Residenz wurde später der königliche Gerichtshof untergebracht. Bis heute dient der umfangreiche Gebäudekomplex als Justizpalast.

SCHLÖSSER UND RESIDENZEN

Der Hofstaat folgte ihr an die wechselnden Residenzen, an denen sie zu wohnen pflegte. Hielt sie sich in Paris auf, war nicht der Königspalast auf der Seine-Insel ihr Aufenthaltsort, sondern das am rechten Flussufer gelegene Hôtel Saint-Pol in der Nähe der Porte Saint-Antoine an der Straße, die nach Vincennes führte. Isabeaus 1380 verstorbener Schwiegervater,

Karl V., hatte auf diesem Gelände, das abseits des geschäftigen Trubels der Seine-Insel lag und im Schatten der Bastille leichter zu verteidigen war, mehrere Gebäudekomplexe von unterschiedlichen Eigentümern erworben. Er beließ die Gebäudeteile mit ihren Innenhöfen und Gartenanlagen als selbständige bauliche Einheiten, verband sie aber mittels Verbindungstrakten und Galerien, die es ermöglichten, trockenen Fußes von einem Trakt zum anderen zu gelangen. Das Areal bestach vor allem durch seine acht miteinander verbundenen Gärten in fast schon ländlicher Idylle. Es gab einen Weinberg, Rosengärten, große Vogelvolieren, in denen Tauben und Nachtigallen zwitscherten, Teiche für die Fischzucht sowie eine Menagerie, eine Art Zoo, deren prominentester Bewohner ein Löwe war, der alle Besucher in Erstaunen versetzte.

Neben gut gefüllten Vorratskammern und Weinkellern sorgten Obstgärten mit neuartigen Holzspalieren, an denen Apfel- und Birnbäume hochrankten, dafür, dass niemals Mangel an der königlichen Tafel herrschte. Für Isabeau, die sich zeitlebens für Blumen und Vögel begeisterte, kam der Ort einem kleinen Paradies gleich. Und auch die Wohnräume, die Karl V. eingerichtet hatte, boten viele Annehmlichkeiten. Das Auge erfreuten kostbare Wandvertäfelungen, perlenbestickte Wandteppiche und Wandgemälde, die Szenen aus Ritterromanen darstellten. Ein Badezimmer, eine reich bestückte Bibliothek und eine Kapelle ergänzten den privaten Wohnbereich der Königin. In ihrem Schlafzimmer standen große Schränke für die umfangreiche Garderobe zur Verfügung. Die Räume der Kinder schlossen sich an ihre Gemächer an. Kein Wunder, dass Isabeau sich hier wohl fühlte. Erst in ihren späteren Jahren bevorzugte sie das in der Nähe liegende Hôtel Barbette, das sie 1398 aus eigenen Mitteln kaufte. Das geräumige Haus, in dem sie abseits des großen Zeremoniells leben konnte, bot mit seinen großen Sälen, dem Prunkzimmer, einem ganz in weiß eingerichteten Gemach, einer großen und einer kleinen Kapelle sowie den Bädern und Schwitzkammern ebenfalls gehobenen Wohnkomfort. Im Außenbereich lag zudem ein eigener Garten.

Herzstück des ehemaligen königlichen Palastes auf der Seine-Insel ist der »Salle des Gens d'Armes«, der zwischen 1302 und 1313 errichtet wurde. Er diente dem Palastpersonal als Speisesaal. Etwa 2000 Bedienstete arbeiteten im 14. Jahrhundert in der Residenz.

Weilte Isabeau außerhalb der Stadt Paris, suchte sie Schlösser wie Vincennes, Beauté-sur-Marne, Saint-Ouen, Beauvais, Melun und andere von ihren königlichen Vorgängern erbaute Residenzen auf. Einer ihrer Lieblingsorte war das von Paris aus leicht zu erreichende Schloss Vincennes, das die ersten Könige aus dem Hause Valois als Ersatz für ein älteres Jagdschlösschen aus der Zeit der Kapetinger hatten erbauen lassen. Bereits von außen versprach sein mächtiger, 52 m hoher Donjon (Wohnturm) mit den vier flankierenden Ecktürmchen, den über 3 m dicken Mauern, dem schützenden Wehrgang und dem Wassergraben Sicherheit und Geborgenheit. Im Innern barg Frankreichs höchster mittelalterlicher Donjon große, fast die gesamt Etage einnehmende Wohnsäle, die von einer schlanken Hauptsäule getragen wurden. Angrenzende Räumlichkeiten lagen in den Ecktürmchen. Besonders schön hatte sich Karl V. sein Schlafgemach in der zweiten Etage hergerichtet, das mit

Schloss Vincennes, südöstlich von Paris gelegen, zählte zu den bevorzugten Aufenthaltsorten Isabeaus. Ihr Schwiegervater, Karl V., hatte die Wohnsäle des Donjons repräsentativ ausstatten lassen.

Gewölberippen verziert und mit einem großen Kamin ausgestattet war. Hierher hatte sich der König auch wertvollste Manuskripte bringen lassen. Daneben lag die Schatzkammer in einem gut gesicherten Raum des Eckturms, mit Kästen voller Gold, Münzen und Goldschmiedearbeiten. Ein Arbeitszimmer mit freiem Blick ins Grüne und einer Latrine in erreichbarer Nähe grenzten an.

Das den Wohnturm umgebende weitläufige Schlossareal, auf dem insgesamt mehrere hundert Personen lebten, war seinerseits nochmals durch eine 1100 m lange Ringmauer mit neun Türmen, jeweils zwischen 40 und 42 m hoch, befestigt. Mehr Sicherheit konnte man selbst in Zeiten des Hundertjährigen Krieges nicht erwarten. Innerhalb des Geländes erhob sich die frei stehende Schlosskapelle nach dem Vorbild der Sainte-Chapelle als liturgisches Zentrum für die Palastbewohner, die zu Lebzeiten Isabeaus jedoch eine Baustelle blieb. Über dieses kleine Manko tröstete immerhin der mehr als 1000 Hektar große umgebende Park hinweg, der mit seinen reichen Rotwildbeständen zum Jagen geradezu einlud. In Vincennes fand die königliche Familie Ruhe und Entspannung abseits der trubligen Hauptstadt. Die Blumenliebhaberin Isabeau nutzte hier die Gelegenheit, die Gärten um das Schloss herum nach eigenem Geschmack zu vergrößern und neu zu bepflanzen.

Mehr noch als Vincennes schätzte sie aber das wenige Meilen entfernt liegende und von Karl V. liebevoll neu ausgestattete Lustschlösschen Beauté-sur-Marne, das noch mehr Intimität versprach. Karl hatte diese Residenz, in der er 1380 starb, mit allem Komfort ausgestattet und seine schönsten Wandteppiche aus der Werkstatt des Pariser Meisters Nicolas Bataille dorthin bringen lassen. Zu seiner Erbauung war sogar eine Orgel von einem flandrischen Orgelbauer eingebaut worden – sicher sehr zur Freude Isabeaus, die Musik liebte und selbst Harfe spielte. Der Sang der Nachtigallen in den reich bestückten Vogelvolieren, die Isabeau so sehr liebte, ergänzte dabei den Wohlklang, der über dem Schloss lag. »An der Spitze aller angenehmen und schönen Orte, die man auf dieser Welt findet, steht aus gefälligen Bauten errichtet, fröhlich und schön anzusehen, ein Schloss um dort zu verweilen, freudig bereit, Euch zu beweisen, warum, hier am Rande des Forstes von Vincennes, König Karl (...) ihm den Namen ›Schönheit‹ gab«, schrieb daher der zeitgenössische Dichter Eustache Deschamps über den idyllischen, heute verschwundenen Ort. In Beauté brachte Isabeau ihren erstgeborenen und früh verstorbenen Sohn Karl zur Welt.

RAUSCHENDE FESTE

Dass das Leben trotz der Schicksalsschläge nicht für Traurigkeit gemacht war, bewies das jugendliche Königspaar durch zahlreiche rauschende Feste, die es zu unterschiedlichen Anlässen gab. Hochzeiten, Schwertleiten, Taufen und hohe Kirchenfeste boten sich dazu an. Isabeau war eifrig damit beschäftigt, ihre Hofdamen standesgemäß »unter die Haube« zu bringen und war bereit, für Aussteuer, Brautkleider und Feierlichkeiten großzügige Summen zu investieren. Ihrer geliebten Freundin Katharina von Fastavarin, die aus Bayern nach Frankreich mitgekommen war und im Januar 1388 einen französischen Edelmann heiratete, schenkte die Königin stattliche 4000 Francs als Mitgift und legte noch weitere 300 Francs für die Aussteuer an Kleidung und Bettzeug darauf. Außerdem überließ sie ihrer Gefährtin wertvolle Kleidungsstücke aus ihren eigenen Beständen, die sie umarbeiten ließ, darunter einen prächtigen Goldbrokatmantel. Für die Hochzeitsfeier stellte Isabeau Schloss Vincennes zur Verfügung.

Und so ging es fröhlich weiter: Im Jahr 1389 kam der Hofstaat aus dem Feiern gar nicht mehr heraus. Im Mai bot der Ritterschlag der Brüder Ludwig und Karl von Anjou, beide Cousins Karls VI., Anlass für einen extravaganten, sechs Tage dauernden Festmarathon in Saint-Denis, zu dem der gesamte französische Hochadel, aber auch Gäste aus Deutschland und England geladen waren. Die Livreen des königlichen Gefolges wurden dafür eigens in der Farbkombination weiß-grün-karminrot komplett neu angefertigt und mit Goldfäden bestickt, die aus Zypern eingeführt werden mussten. Die Damen bekamen neue Reitkleider aus grünem Brüsseler Tuch gestellt. Isabeau selbst trug über einem grünen Seidenunterkleid ein wertvolles Überkleid aus rotem Seidenstoff und dazu eine karminfarbene Samthaube. Dem Ritterschlag in der Abteikirche folgten Festbankett, Ball und ein drei Tage währendes Turnier, für das wiederum höchster Aufwand betrieben wurde. Eine Gedenkfeier für den verstorbenen Kronfeldherrn du Guesclin, zu dem der Hofstaat in schwarzen Roben erschien, rundete die Festivitäten ab.

Schon am 17. August folgte ein neuer Höhepunkt in Melun, wo der Bruder des Königs, Ludwig von Orléans, seine Hochzeit mit Valentina, der Tochter des Giangaleazzo Visconti, feierte. Für den charmanten, überaus verwöhnten Bräutigam, dessen Stilsicherheit trotz seiner Jugend längst bekannt war, durfte natürlich nur das Beste gerade gut genug sein. Kaum war der Festjubel verklungen, nahte fünf Tage später schon das nächste grandiose Spektakel: Isabeaus Krönung in Paris. Verständlich, wenn sich bei der schwangeren Königin nach all den Vergnügungen der letzten Zeit allmählich die Ermüdungszeichen mehrten.

Wenige Jahre später war ein anderes Fest in aller Munde, jedoch aus traurigem Anlass: Im Januar 1393 gab der Hof anlässlich der dritten Vermählung der inzwischen verwitweten Katharina von Fastavarin in Paris erneut ein rauschendes Fest. Wieder wurde ausgelassen gefeiert, und je weiter die Stunde vorrückte, umso derber fielen die Scherze aus. Der König selbst führte zusammen mit einigen Gefährten einen Tanz der »Wilden Männer« auf, um die Damen gehörig zu necken. Dabei trug die Gruppe Ganzkörper-Kostüme aus Leinen und Flachs, die über und über mit Wollzotteln bedeckt und mit Pech und Harz bestrichten waren, um ein struppiges Fell zu imitieren. Die Überraschung gelang, niemand ahnte, wer unter der Verkleidung steckte, doch durch eine Unachtsamkeit geriet eine Fackel in zu große Nähe der Maskeraden. Die Tragödie nahm ihren Lauf. »Das Feuer sprang auf die Kostüme über, die fest verschnürt und vernäht waren«, schildert Juvénal des Ursins den Verlauf des Unglücks. »Und es war ein großes Elend zu sehen, wie die Männer in Flammen standen und ihnen, so sehr sie auch versuchten, sich loszureißen, dennoch die Kräfte schwanden.« Vier Tänzer starben bei dieser Tragödie, nur der König überlebte mit viel Glück. Der »Tanz der Brennenden« *(Bal des Ardents)* sorgte bei der Pariser Bevölkerung für viel Aufsehen. Plötzlich nahm man den Hof als dekadent und schrill wahr und verurteilte den Leichtsinn, mit dem der König sich Lebensgefahren aussetzte – nur um seines Vergnügens willen. Die Kritik richtete sich auch massiv gegen Ludwig von Orléans, der nach Angaben einiger Augenzeugen das Unglück ausgelöst haben sollte. Es folgten Bußgänge und Kirchenstiftungen. Doch trotz des laut geäußerten Missmuts der Pariser schränkte der Hof seine Vergnügungslust nicht grundsätzlich ein.

IM BANN DER MODE

Der Aufwand, der für die königlichen Feste betrieben wurde, war enorm. Nicht nur die üppigen Tafelfreuden und die Ausgaben für Gaukler und Musiker schlugen zu Buche, sondern auch

Während einer Hochzeitsfeierlichkeit 1393 kam es durch einen Brand zu einem schweren Unglück. Der König selbst geriet in Lebensgefahr, vier Männer starben in ihren Fellkostümen. Als »Ball der Brennenden« ging das Ereignis in die Geschichtsbücher ein. – Buchmalerei aus »Chroniques de France et d'Angleterre«, Jean Froissart um 1400

die steigenden Kosten für eine immer extravaganter werdende Mode. Der französische und mehr noch der überaus reiche burgundische Hof gaben in diesem Punkt zweifelsohne in Europa den Ton an. Eng anliegende, figurbetonte Kleider mit bis zum Boden reichenden Ärmeln, Überwürfe mit langen Schleppen, tief ausgeschnittene Dekolletés, völlig unpraktische Schnabelschuhe und phantasievolle Ungetüme, die den Kopf bedeckten, kamen bis zum Ende des 14. Jahrhunderts für die modebewusste Oberschicht auf. Dabei verwendete der Hochadel nur die besten und teuersten Stoffe für seine maßgeschneiderten Garderoben: Seide, Samt und Satin sowie feinste Luxuswollstoffe aus Flandern. Großen Wert legte man auf die Fütterung der Kleidungsstücke mit edlen Pelzen und auf ihre Bestickung mit Gold- und Silberfäden, für die man gerne Motive mit symbolischer Bedeutung wie Monogramme, Embleme, Wappentiere oder Devisen wählte.

Für ein standesgemäßes Auftreten war eine kostbare Garderobe geradezu ein Muss. Als der Herzog von Burgund 1392 in Amiens mit dem Herzog von Lancaster zusammentraf, brachte er einen Rock mit, auf dessen Brust in Silberstickerei ein großer Bär prangte, der einen aus Rubinen und Saphiren zusammengesetzten Maulkorb trug. Ein anderer Rock aus schwarzem Samt wies am linken Ärmel einen Rosenzweig mit 22 Blüten aus Saphiren, Rubinen und Perlen auf. So konnten manche Kleidungsstücke geradezu übersät sein von Juwelen und Perlen. Die Pariser Zünfte verdienten gutes Brot mit dem Ausstaffieren der hochadligen Kundschaft. Das Zuschneiden, Vernähen, Besticken und Verzieren der Kleidung nahm viel Zeit in Anspruch und war daher kostspielig. Das Textilgewerbe und ihm verwandte Handwerke blühten auf; schon von 1292 bis 1300 hatte sich die Zahl der in Paris niedergelassenen Schneider auf über 700 fast verdoppelt – Tendenz steigend. An Isabeaus Hof waren alle Zünfte, die an der Herstellung und Verschönerung von Gewändern arbeiteten, vertreten. Zu ihrem Gefolge zählten Kürschner, Schneider, Sticker, Putzmacher. Auch Gürtel-, Hut- und Handschuhmacher gehörten zu den geschätzten Mitarbeitern. Prachtvolle, mit Gold- und Silberfäden bestickte Woll- und Seidenstoffe entstanden im Auftrag der Königin bei Hof. Die goldene Lilie auf blauem Grund war dabei das traditionelle Symbol der französischen Monarchie.

Als besonders stilvoll galt es, die ganze Gefolgschaft in die gleiche Farbenkombination zu kleiden, sodass man allein an der Farbwahl bereits die Zugehörigkeit zum Hof oder zu einer hochrangigen Adelsfamilie ablesen konnte. Die Grafen von Flandern bevorzugten beispielsweise Dunkelgrün, die Grafen von Anjou Lichtgrün, die Grafen von Blois Himmelblau, die Herzöge der Bretagne dagegen Schwarz und Weiß. Die Verwendung unterschiedlich wertvoller Stoffe und Materialen zeigte zudem den sozialen Rang an, den eine Person innerhalb der Hofgesellschaft einnahm. Denn nicht jeder durfte alles tragen.

Die höfische Mode im 14. Jahrhundert

Das 14. Jahrhundert war nicht nur ein Jahrhundert der Pest, Hungersnöte und Kriege, sondern auch eine Ära der modischen Extravaganz. Nach dem Abflauen der Pestwellen äußerte sich die wiederentdecke Lebenslust in rasch wechselnden Modetrends, die vorrangig vom französischen Königshof und seinen großen Vasallenhöfen ausgingen. Die allgemeine Tendenz zur Übertreibung brachte überlange Schleppen und Ärmel, phantasievolle Hauben und Schuhe hervor. Die bodenlange Tunika verschwand aus der Männermode zugunsten eines immer kürzer werdenden Rocks, der kaum mehr das Gesäß bedeckte. Die Schecke (frz. Jaque, jaquette), die so eng am Oberkörper anlag, dass sie nicht mehr über den Kopf gezogen werden konnte und daher Knöpfe trug, gab zum großen Entsetzen der Modekritiker den Blick auf stramme Männerbeine frei, die in eng anliegenden, am Wams festgenestelten Beinlingen und langen Schnabelschuhen steckten, deren Länge den Grad der Vornehmheit anzeigten. Konservativen Zeitgenossen galt der neue Kleiderschnitt als anstößig, weil er die Körperformen allzu sehr zur Schau stellte. Die Taille schnürte man eng, während Brust und Schultern über eine Wattierung der Schecke stark hervorgehoben wurden. Die Ärmel liefen in langen Stoffbahnen aus oder öffneten sich am Handgelenk zu glockenförmig herabfallenden Manschetten, den Muffen. Der Gürtel verlor seine Funktion, rutschte über die Hüften hinab und diente nur noch zur Befestigung von Tasche und Dolch. Die Mäntel machten die Verkürzung mit und degenierten zu wenig wärmenden Überwürfen. Trug der modeorientierte Herr die Robe lang, so nur in der trendigen Form der Houppelande mit überlanger Schleppe, hohem Kragen und bodenlangen Ärmeln.

Die faltenreiche, weite Houppelande gefiel auch den Damen bei Hof, je nach sozialem Rang mit mehr als fünf Ellen, also fast 6 m langen Schleppen – die bei den vornehmsten Frauen von Hofdamen oder Pagen getragen wurden –, hochtailliert und mit bodenlangen Ärmeln. Gold- und Silberbrokat, Seide und schwere Wollstoffe wurden dafür bevorzugt. Als topschick galten aber auch eng anliegende Unterkleider (Cotten), die die Figur besonders betonten und mit einem Gürtel in der Taille zusammengerafft wurden. Darüber zog man ein ärmelloses Überkleid (Surkot), dessen weite Ausschnitte unter dem Arm den Blick auf die schlanke Gestalt darunter freigaben und von moralinsauren Sittenwächtern als »Teufelsfenster« gebrandmarkt wurden. Anstelle des Surkot konnte ein enganliegendes ärmelloses, kurzes Jäckchen aus wertvollem Stoff und kostbarem Pelz getragen werden. Um die Blicke der Männer auf sich zu ziehen, zeigten die Damen tiefe Dekolletés, die durch die hochgesteckten Haare zusätzlich betont wurden. Die Frisur selbst blieb bei verheirateten Frauen aber stets unter einer Haube verborgen, die äußerst phantasievolle Formen annehmen konnte. Als letzter Schrei bei Hofe galt hier eine Erfindung, die angeblich auf Isabeau zurückgeht, ihren Ursprung aber im arabischen Kulturraum hatte: der Hennin. Dieser hohe, zuckerhutförmige Kopfputz war eine gewagte Konstruktion aus Pappe, Fischbein oder Messingdraht. Überzogen mit edlem, farbigem Stoff und am unteren Rand von einer bestickten Bordüre gesäumt, fiel von seiner Spitze ein langer Schleier bis zum Boden herab. Da der Hennin bei vornehmen Damen bis zu einem Meter hoch ausfallen konnte, war es keine leichte Übung, ihn auf dem Kopf zu tragen. Eine Abwandlung davon war der Doppelhennin oder die Hörnerhaube, deren riesige Wülste Kopf und Schultern überragten und mit schweren Stickereien und Perlen beladen waren. Die monströsen Hauben gaben Anlass zu viel Spott und Kritik. Angeblich musste man die Türen in den königlichen Residenzen erweitern, um den Damen mit ihren prunkvollen Hauben den Durchgang zu ermöglichen.

Je länger die Schleppe, je breiter der Pelzbesatz, je üppiger die Perlenstickerei, umso hochrangiger die Persönlichkeit, getreu dem Motto »Kleider machen Leute«. Mit dem Einkleiden der Gefolgschaft wie auch mit der Vergabe wertvoller Geschenke an sie verband sich daher eine soziale Zeichensprache, die hierarchische Unterschiede in feinen Abstufungen wahrnehmbar machte, Loyalitäten schuf und Beziehungen pflegte.

Isabeau, die an der Spitze der sozialen Hierarchie stand, kam naturgemäß eine besondere Position zu. Sie musste über ihr äußeres Erscheinungsbild als erste Dame des Königreiches erkennbar sein und mit einer großzügigen Geschenkepolitik die Gunst ihre Untergebenen »erkaufen«. Später warfen ihr die Zeitgenossen Verschwendungssucht vor, doch hätte sie sich schwerlich über den zeremoniellen Rahmen, den ihr der französische Hof vorgab, hinwegsetzen können. Inwieweit sie persönlich der »Putzsucht« verfallen war, lässt sich im Nachhinein kaum feststellen, auch wenn man vermuten darf, dass sie sich als junge, lebenslustige Frau an der Seite des Königs wohl gerne schmückte und modische Trends mitmachte.

DROHENDES UNHEIL

In das Glück der ersten Jahre brach 1392 eine Katastrophe ein, deren Ausmaß zu jenem Zeitpunkt noch gar nicht abzusehen war. Im heißen Sommer dieses Jahres brach Karl VI. zu einem Feldzug in die Bretagne auf, um dort einen unbotmäßigen Vasallen abzustrafen. Schon bei der Abreise war dem König nicht wohl, er fieberte leicht, schlug den Rat seiner Ärzte und seiner Frau, zu Hause zu bleiben, aber leichtfertig in den Wind. In der gewittrigen Schwüle des Augusts ritt er mit seinem bewaffneten Trupp, dem auch seine Onkel und sein Bruder Ludwig angehörten, durch den tiefen Wald von Le Mans. Es reichte ein kleiner Zwischenfall aus, um den König völlig aus dem Gleichgewicht zu bringen: Aus dem Gebüsch brach unversehens ein in Lumpen gekleideter Mann hervor, stürzte auf das Pferd des Königs zu und versuchte es aufzuhalten: »Reite nicht weiter, edler König, weil Du bald verraten werden wirst«, überliefert der Religieux von Saint-Denis die Worte des Unbekannten, der zwar rasch

1392 offenbarte sich die schwere geistige Erkrankung Karls VI. im Forst von Le Mans während eines Feldzuges. – Buchmalerei aus »Chroniques de France et d'Angleterre«, Jean Froissart um 1450

weggezerrt wurde, aber dem König einen gehörigen Schrecken eingejagt hatte. Er versank in tiefes Grübeln. Zur größten Mittagshitze erreichten die schwer bewaffneten Reiter die freie Ebene. Einem völlig ermüdeten Pagen entglitt eine Lanze, die krachend den Helm des Vordermanns traf. Von dem Lärm aufgeschreckt, wähnte der König einen Angriff, zog das Schwert und schlug wie von Sinnen um sich. Selbst sein Bruder konnte ihn nicht aufhalten. Im Wahn erschlug Karl vier Männer, bevor er endlich von seinem Kammerdiener gestoppt werden konnte. Völlig außer sich, apathisch und zu nichts mehr fähig, brachten ihn seine Gefährten auf einem Karren zurück nach Le Mans.

Dieses Ereignis machte überdeutlich, was sich zuvor schon anhand kleiner Vorkommnisse abgezeichnet hatte: Der über seine Mutter erblich vorbelastete König litt an einer geistigen Erkrankung und war zur Regierung nicht mehr fähig. Die Ärzte an seinem Bett rätselten, was die Ursache seines Leidens sei, vermuteten Gift oder Hexerei. Nach heutigem Verständnis litt er vermutlich an einer Schizophrenie, die schubweise auftrat und ihm immer wieder lichte Momente beließ. Je weiter die Krankheit fortschritt, umso länger dauerten jedoch die »Abwesenheiten«, die den König am Ende seines Lebens völlig lahmlegten. Bis zu seinem Tod sollte er 44 Anfälle erleiden, die zwischen drei und neun Monaten anhielten.

Isabeau zeigte sich erschüttert, als ihr die Nachricht von dem Vorfall in Le Mans zugetragen wurde. Wie ihre gesamte Umgebung stand sie der Erkrankung ihres Mannes hilflos gegenüber. Sie holte renommierte Ärzte, auch Wunderheiler und Teufelsaustreiber an den Hof, flüchtete sich ins Gebet, ordnete Bittprozessionen und Stiftungen zugunsten der Kirche an und hoffte auf Besserung. Es half alles nichts – ihr Mann entglitt ihr zusehends. In den schlimmsten Phasen seiner Erkrankung zeigte er sich aggressiv – auch gegen seine geliebte Frau –, demolierte die Wohnungseinrichtung und ließ sich nicht waschen und ankleiden. Auf Phasen höchster Erregung folgten Zeiten tiefer Apathie, in denen Karl nicht ansprechbar war.

Für Isabeau brachen schwere Zeiten an. Doch von ihrem persönlichen Schicksal abgesehen, bedeutete die Regierungsunfähigkeit ihres Gatten auch eine Katastrophe für das gesamte Königreich. Frankreich musste regiert werden, und bei Hofe gaben sich die rivalisierenden Adelsparteien bald die Klinke in die Hand. Das Land drohte im Chaos zu versinken.

4 Zwischen den Fronten – Isabeau und ihre Konkurrenten um die Macht

DAS KOMPLEXE MACHTSYSTEM AM PARISER HOF

Die Erkrankung des Königs wirbelte bei Hof alles durcheinander. Erneut begann ein Regentschaftsrat die Geschicke des Landes zu leiten, in denen die Onkel Karls VI., die Brüder seines Vaters, den Takt vorgaben. 1380, nach dem Tod Karls V., als der Thronfolger erst zwölf Jahre alt und damit unmündig war, hatten sie schon einmal die Macht an sich gerissen. An Ehrgeiz und Selbstbewusstsein hatte es Ludwig von Anjou, Johann von Berry und Philipp dem Kühnen von Burgund dabei wahrlich nicht ermangelt. Auch der Onkel mütterlicherseits, Ludwig II. von Bourbon, versuchte kräftig mitzumischen. Rivalitäten und Eitelkeiten waren daher unter den »big four« nicht ausgeblieben.

Zweifellos war der Burgunder der mächtigste und begabteste unter ihnen. Seine militärischen Meriten hatte er sich 1356 auf dem Schlachtfeld von Poitiers verdient, als er als 14-Jähriger an der Seite seines Vaters, Johanns des Guten, einen aussichtslosen, aber ehrenvollen Kampf gegen die siegreichen Engländer focht. Seitdem genoss er einen tadellosen Ruf als Ritter. Aber nicht nur auf dem Schlachtfeld wurde »der Kühne« seinem Beinamen gerecht, sondern auch beim Auf- und Ausbau seiner eigenen Herrschaft in Burgund und Flandern, die er mit großem Engagement und mit großem politischem Eigennutz gegenüber der französischen Krone verfolgte. Großzügige Griffe in die Staatskasse zugunsten der Sicherung der eigenen Territorialmacht gehörten zu seinen üblichen Angewohnheiten. Lange hatte der jugendliche König unter seiner Dominanz gelitten, bis er sich endlich davon befreite, 1388 in Reims seine Alleinherrschaft verkündete und seine übereifrigen Onkel nach Hause schickte. Zu seinen ersten Amtshandlungen als selbstständiger König hatte es denn auch gehört, neue Ratgeber zu berufen, deren Ansehen jedoch auf Grund ihrer bürgerlichen oder niederadligen Abstammung nicht besonders hoch war und die man abwertend als »marmousets« (Fratzenbilder, alte Käuze) bezeichnete.

Die plötzliche Erkrankung des Königs stellte die Uhren nun überraschend wieder zurück. Sie gab den Herzögen von Burgund, Berry und Bourbon (Ludwig von Anjou war inzwischen verstorben) die Möglichkeit, erneut die Zügel zu ergreifen; sofort entfernten sie Karls Berater aus ihren hohen Stellungen. Als kühler Kopf und starker Mann profilierte sich einmal mehr Philipp von Burgund, der nicht nur die Herzöge von Berry und Bourbon an die Wand spielte, sondern auch alles daran setzte, den Einfluss des Königsbruders Ludwig von Orléans auszubremsen, der ihm zu verschwenderisch und leichtsinnig erschien. Auch Isabeau wollte er keinen Anteil an der Macht zubilligen, was diese zunächst klaglos akzeptierte. Schließlich verdankte sie dem Herzog ihre »gute Partie« und hatte keinen Anlass, ihm zu misstrauen. Doch um sich stärkeren Rückhalt zu verschaffen, begann sie, ihren Bruder Ludwig den Bärtigen von Bayern-Ingolstadt zu protegieren, der seit Ende 1391 am französischen Hof weilte und inzwischen in ein Dienstverhältnis zum französischen König mit einer Jahrespension von 5000 Francs getreten war.

Als sich der König nach seinem ersten Anfall einigermaßen erholt hatte, stimmte er einer Neuregelung der Machtverhältnisse im Falle seiner »Abwesenheiten« oder seines Todes zu. Seiner geliebten Isabeau erteilte er die volle Vormundschaft über den minderjährigen Thronfolger und die weiteren gemeinsamen Kindern, da sie, wie es in der königlichen Ordonnanz heißt, »die größte und zärtlichste Liebe für ihre Kinder und das weichste und sorgsamste Herz« von allen Verwandten besäße. Die Königin musste schwören, ihre Kinder nach bestem Wissen und Gewissen zu ernähren, zu beschützen und zu erziehen und über »Ehre und Nutzen ihrer Person« zu wachen. Allerdings sollte ein Vormundschaftsrat ihr zur Seite stehen, in dem die Herzöge von Berry, Burgund und Bourbon und weitere zwölf hohe Würdenträger saßen. Erstaunlich war, dass in den Vormundschaftsrat auch Ludwig der Bärtige aufgenommen wurde, der sich mit seinen etwa 25 Jahren im Kreis der über 50-jährigen Königsonkel wie ein Exot ausnahm. Er verdankte seine Stellung natürlich seiner Schwester, die sich ein vertrautes Gesicht an ihre Seite holen wollte.

Der kranke König im Gespräch mit seinem Sekretär und Ratgeber Pierre Salmon. Auf der anderen Bettseite steht eine dreiköpfige Gruppe von Besuchern, in der sich u. a. die Herzöge von Berry und Burgund befinden. – Buchmalerei aus »Dialogues«, Pierre Salomon, um 1412

In einer zweiten königlichen Anordnung bekam Ludwig von Orléans die Regentschaft anstelle seines Bruders übertragen. Rivalitäten waren in diesem fragilen Machtsystem vorprogrammiert, denn Ludwig von Orléans fürchtete die starke Stellung seiner Onkel im Vormundschaftsrat. Auch die unerfahrene Königin besaß nicht die Handlungsfreiheit, eigene Politik zu betreiben. Immerhin schuf man für ihre Hofhaltung eine eigene Finanzkammer, damit sie über eigene Einnahmen und Ausgaben verfügen konnte. Isabeau bemühte sich in den nächsten Jahren beharrlich um die Steigerung ihrer Einkünfte, was ihr den Vorwurf der Habgier einbrachte. Doch ihr Verhalten entsprang nicht nur ihrer Lust am prallen Leben, sondern vor allem ihrem gestiegenen Sicherheitsbedürfnis. Gefolgsleute und Truppen mussten im Notfall bezahlt werden, um dem Kronprinzen den Thron zu sichern, und Loyalitäten erkaufte man sich ohnehin am besten mit wertvollen Geschenken. Außergewöhnlich war in diesem Zusammenhang nur, dass sie über ihre reiche Witwenausstattung bereits zu Lebzeiten verfügte. So standen ihr die Einkünfte aus Städten, Burgvogteien, Mühlen, Weinbergen, Brückenzöllen, Hafengebühren und vielem mehr zu. Unbestritten war die Königin eine reiche Frau.

DIE BAYERISCHE VERWANDTSCHAFT

Solange sich die Interessen der Häuser Burgund und Wittelsbach deckten, hatte Isabeau nichts zu befürchten. Ungehindert konnte sie sich für die Hausmachtpolitik ihrer Familie einsetzen. Ludwig der Bärtige war schließlich nicht umsonst nach Frankreich gekommen – es ging um die Italienpolitik und um eine gegen den Usurpator Giangaleazzo Visconti gerichtete antimailändische Liga, welche die von den Bernabò-Erben abstammenden Linien befriedete und 1396 schließlich im Bunde mit Florenz zustande kam. Diese Allianz brachte Frankreich die Herrschaft über Genua ein, durchkreuzte aber die Pläne Ludwigs von Orléans, der nun von seinen Hoffnungen, mit Hilfe seines Schwiegervaters in Italien eine eigene Herrschaft aufbauen zu können, Abstand nehmen musste.

Valentina Visconti, die Tochter Giangaleazzos, musste den Pariser Hof infolge der antimailändischen Stimmung, angeheizt von Agenten des Burgunderherzogs, vorübergehend verlassen. Man warf ihr Hexerei vor und beschuldigte sie, die Erkrankung Karls VI. herbeigeführt zu haben. Ihr gutes Verhältnis zum kranken König, das Philipp der Kühne mit Misstrauen beäugte, bot den günstigsten Ausgangspunkt für Spekulationen.

Ein weiteres Konfliktfeld mit dem Hause Orléans tat sich auf, als Isabeau im Jahr 1400 –wiederum in Übereinstimmung mit dem Burgunderherzog – die Königswahl ihres Verwandten Ruprecht von der Pfalz befürwortete, während Ludwig von Orléans dem abgesetzten König Wenzel die Stange hielt. Zu ihrer großen Freude durfte Isabeau in diesem Zusammenhang ihren Vater Stephan III. in Paris begrüßen, der sich eigens auf den langen Weg begeben hatte, um die Anerkennung Ruprechts durch Frankreich voranzutreiben. Er wurde am Hof gebührend empfangen und konnte die Anerkennung seines Protegés durch Frankreich de facto durchsetzen. Vorbereitungen zu einem Italienzug des neuen römischen Königs Ruprecht wurden getroffen, bei dem gleichzeitig das Papstschisma gelöst und Giangaleazzo in die Schranken gewiesen werden sollte. Der Tod des Mailänder Stadtherrn 1402 machte jedoch ein weiteres militärisches Engagement gegenstandslos.

Während sich der Gegensatz Burgund–Orléans zuspitzte, versuchte Isabeau ausgleichend zu wirken. Sie hielt den Kontakt zu ihrem Schwager Ludwig aufrecht, machte ihm teure Geschenke und begegnete ihm trotz der politischen Interessengegensätze mit Freundlichkeit. Anfang des Jahres 1402 gelang es ihr sogar, eine Versöhnung zwischen den beiden Streithähnen herbeizuführen, die fortan versprachen, »gute, vollständige, wahre und loyale Freunde gegeneinander zu sein«. Trotzdem blieb die Situation prekär, und Isabeau musste sich vorsehen, nicht zwischen die Fronten zu geraten.

Umso stärker hielt sie sich an ihren geliebten Bruder. Da dieser nach Giangaleazzos Tod das Interesse an Italien verloren hatte, arrangierte die Königin für ihn eine prestigeträchtige Hochzeit mit einer ihrer hochadligen Hofdamen. Ludwig der Bärtige heiratete im Herbst 1402 die verwitwete Anna von Bourbon, eine Cousine des Königs. Sie brachte eine stattliche Mitgift in den gemeinsamen Haushalt mit ein, die aus der Herrschaft über die Basse Marche und einer äußerst großzügigen, vom König gewährten Barschaft von 120.000 Francs bestand. Aus ihrem Witwengut standen ihr überdies von Seiten ihres ehemaligen Schwiegervaters weitere 12.000 Francs zu. Um die durch die Heirat gestiegene Bindung des Ingolstädter Herzogs an die Krone Frankreichs zu betonen, wurde auch seine Pension auf 12.000 Francs aufgestockt. Mit aller Pracht wurde am 8. Oktober im Schloss Saint-Pol unter Anteilnahme vieler hochadliger Gäste, einschließlich des Königspaares, die Hochzeit gefeiert. Für Ludwig den Bärtigen bedeutete sie einen großen Prestigezuwachs und eine sehr willkommene Steigerung seiner Einkünfte. Er war nun ein wohlhabender, landbesitzender französischer Vasall geworden.

Da die hohe Mitgift nicht in einem Schlag ausbezahlt werden konnte, einigte sich Ludwig mit dem königlichen Rat auf eine Ratenzahlung, die entweder durch Teildarlehen oder durch Rechtstitel auf zukünftige Steuereinnahmen erfolgen sollte. Zur Sicherheit erhielt er Pfänder, die man dem Kronschatz entnahm. So gelangten schon kurz nach der Hochzeit zwei wertvolle Kronen, besetzt mit Diamanten, Edelsteinen und Perlen, in den Besitz Ludwigs, die dieser bei Bankiers in Zahlung gab. 1405 kam es zu einer weiteren umfangreichen Transaktion, da er nicht ewig auf sein Geld warten wollte. Wertvolle Gegenstände aus den Schatzkammern des Louvre, der Bastille und der königlichen Schlösser kamen in seinen Pfandbesitz: Gold- und Kristallkreuze, Reliquiare, Heiligen- und Marienfiguren – reich verzierte Kostbarkeiten mit hohem Materialwert. Das prunkvollste Stück darunter war das sogenannte »Goldene Rössl«. Die Königin gab aus ihrem Privatbesitz einiges hinzu: kostbare Hauben mit Perlen und Diamanten, einen reich verzierten Gürtel und eine wertvolle Mantelspange mit 53 Smaragden und 15 Perlen. Ludwig benötigte das Geld zum Ausbau seiner Hausmacht in Bayern – für insgesamt 22 hochwertige Kunstgegenstände erhielt er rund 85.000 Francs von seinen Finanziers.

Ludwig der Bärtige – »Der Königin von Frankreich Bruder«

Es zeugt von Stolz, wenn der Herzog von Bayern-Ingolstadt sich als »der Königin von Frankreich Bruder« bezeichnen ließ und damit seinen Rang am französischen Königshof in seiner bayerischen Heimat betonte. Für Ludwig (um 1368–1447), den man im 15./16. Jahrhundert »im Barte« oder seit dem 18. Jahrhundert verstärkt »den Gebarteten« oder »den Bärtigen« nannte, weil er nach französischer Mode einen Bart trug, taten sich durch die Heirat seiner Schwester Elisabeth in Frankreich ungeahnte Möglichkeiten auf, die vor allem finanzieller Natur waren. Der Bedeutungsunterschied zwischen den beiden Gebieten ließ sich schon am Steueraufkommen ablesen, das in Frankreich zehn Mal größer ausfiel als in Gesamtbayern. Ludwigs Ingolstädter Teilherzogtum war zudem klein und territorial zersplittert.

Nach dem Scheitern seiner italienischen Ambitionen konzentrierte er sich daher ganz auf das französische Abenteuer. Zwei Mal heiratete er besonders reich: 1402 Anna von Bourbon, die ihm den einzigen Sohn Ludwig VIII., genannt »der Bucklige«, schenkte, und 1413 Katharina von Alençon, die Witwe Peter von Navarras. Beide Frauen brachten ihm neben reichlich Bargeld einen stattlichen Lehensbesitz ein: Anna die Basse Marche, Katharina Besitzungen in der Normandie; durch die zweite Heirat durfte Ludwig auch den Titel eines Grafen von Mortain tragen.

In der schlimmsten Krise des Königreiches bestimmte Ludwig zwischen 1407 und 1415 die französische Politik mit. Er saß seit 1404/05 als ständiges Mitglied im königlichen Rat, übernahm 1408 die Leitung der Hofhaltung des Thronfolgers und wurde danach zum ersten Rat des Dauphins ernannt. Die herausgehobene Stellung machte ihn jedoch auch zur Zielscheibe öffentlicher Kritik. Die muntere Nutzung seiner finanziellen Ressourcen

und sein gehobener Lebensstil – für alle sichtbar durch die luxuriöse Pariser Stadtresidenz Hôtel du Porc-épic unweit des Hôtels Saint-Pol mit seinem weitläufigen Gartenpark und seiner verschwenderischen Ausstattung – weckten Neid und Unmut unter der Bevölkerung, die sich 1413 im Aufstand der Cabochiens (s. S. 83ff.) entluden. Für kurze Zeit lernte Ludwig dabei die Gefängniszellen im Louvre kennen, womit das Band zu Burgund endgültig zerschnitten war. 1415 verließ der Bayer seine Wahlheimat für immer.
Zurück in Bayern fand Ludwig aber kein ungetrübtes Glück. Der Herzog stritt sich mit seiner Münchner und Landshuter Verwandtschaft erbittert um das gemeinsame Erbe, an dem er seiner Meinung nach nicht ausreichend beteiligt worden war. Das Verhältnis zu seinem körperlich behinderten Sohn, der seit dem Tod seiner Mutter Anna in Bayern lebte, war denkbar schlecht, seitdem dieser Bereitschaft zeigte, einem allgemeinen Landfrieden zuzustimmen. Der Streit eskalierte: Ludwig der Bucklige stürzte 1443 seinen Vater und nahm ihn in Neuburg an der Donau gefangen. Nach dem Tod des Sohns 1445 blieb der Vater in Gefangenschaft seiner Landshuter Verwandten und starb 1447 auf Schloss Burghausen. Damit endete die Linie des Teilherzogtums Bayern-Ingolstadt.
Ludwigs VII. rege Baupolitik in Ingolstadt und anderen Städten des Herzogtums, seine Bemühungen um Kunst und Kultur, seine überaus großzügige dynastische Gedächtnisstiftung in Ingolstadt und sein Sinn für Repräsentation ließen ihn dennoch positiv in Erinnerung bleiben. Der Augsburger Chronist Burkart Zink schrieb über ihn: »In rechter Wahrheit zu reden, so ist er ein herrlicher, freisheimer (gefürchteter) Fürst und ein so mannlicher Herr gewesen, als ich keinen je gesehen; dazu war er gewaltig, reich und mächtig als kein Herr in diesen Landen.«

Ludwig der Bärtige von Bayern-Ingolstadt, kniend in Anbetung vor der Heiligen Dreifaltigkeit. – Darstellung auf dem Modell zu seinem geplanten und von ihm selbst konzipierten Grabmal, ausgearbeitet von Hans Multscher, Ulm 1430

Die Kleinodien ließ Ludwig gut verpackt in ordentlich beschrifteten Truhen ins Straßburger Ratsgewölbe zur sicheren Aufbewahrung bringen. Da sich ihre Auslösung immer wieder verzögerte, verpfändete er einen Teil von ihnen weiter. Später landeten sie in den Schatzkammern von Regensburg, Ingolstadt und Neuburg. Acht Stücke, darunter das berühmte Goldene Rössl, das zunächst für die Ingolstädter Frauenkirche bestimmt war, kamen 1509 ans Stift Altötting.

Ludwig verwendete das Vermögen, das er aus seinen französischen Einnahmen ansammelte, etwa zur Hälfte zur Stabilisierung seiner bayerischen Herrschaft. Ein Großteil ging in die Schuldentilgung. So wurden ausstehende Soldforderungen beglichen und Gläubiger in München, Landshut, Ingolstadt, Augsburg, Aichach und Dinkelsbühl bedient. Endlich konnten nun auch verpfändete Ortschaften ausgelöst und neue Landerwerbungen an der oberen Donau und in der Oberpfalz getätigt werden. Stadt und Schloss Höchstädt, Lauingen und Donauwörth kamen so wieder in den Besitz des bayerisch-ingolstädtischen Herzogtums wie auch Reichertshofen oder Weiden. Da der streitbare Herzog jedoch im Kleinkrieg mit seiner Verwandtschaft lag, fraßen Rüstungsausgaben und Soldzahlungen allzu rasch die Einkünfte wieder auf. Rücklagen, gar »märchenhafte Schätze«, wie manchmal gemutmaßt, wurden in Ingolstadt nicht gehortet. Nicht zuletzt musste Ludwig der Bärtige auch in Frankreich investieren und dort eine standesgemäße Hofhaltung finanzieren.

DAS VERHÄLTNIS ZU ENGLAND

Allen innenpolitischen Querelen zum Trotz durfte der Konflikt mit England nicht aus dem Blickfeld der französischen Politik geraten. Philipp von Burgund, der den Schutz seiner flandrischen Besitzungen im Auge hatte, trat für eine ausgleichende Haltung gegenüber dem verfeindeten Königreich jenseits des Ärmelkanals ein. Als dann der englische König Richard II. 1394 den Tod seiner ersten Frau, Anna von Böhmen, zu beklagen hatte, schien eine neue Eheverbindung die Möglichkeit zum

Frieden zu eröffnen. Diese Annäherung war in beiden Königreichen durchaus umstritten; der Herzog von Orléans wandte sich ebenso dagegen wie sein englisches »Pendant«, der Herzog von Gloucester, doch die Befürworter der Hochzeit setzten sich durch. Isabeau war bereit, ihre erst sechsjährige Tochter Isabella nach England zu verheiraten.

Nach diplomatischen Vorverhandlungen konnte im Juli 1395 die Verlobung der französischen Königstochter mit dem 28-jährigen König von England bekannt gegeben werden. Einen 28 Jahre währenden Waffenstillstand brachte die junge Braut mitsamt einer stattlichen Mitgift von 800.000 Francs und einer kostbaren Ausstattung an Kleidern und Schmuck als Brautgeschenke mit. Groß war demnach die Hoffnung auf Frieden, als am 4. November 1396 in Calais der Bischof von Canterbury die Kinderbraut mit dem erwachsenen König traute. Doch sie erwies sich als trügerisch: Richard II. sah sich in seinem Königreich einer gefährlichen Opposition gegenüber, die von seinem Vetter, dem Sohn des Herzogs von Lancaster, Heinrich Bolingbroke, angeführt wurde. 1399 kam es zum offenen Bruch und Aufstand, in dessen Verlauf Richard von seinem Gegner gefangengenommen und abgesetzt wurde. Als Heinrich IV. bestieg der Lancaster-Spross nun seinerseits den Thron. Damit war für die kleine Isabella kein Platz mehr am englischen Hof. Tatenlos musste sie zusehen, wie ihr angetrauter Gatte im Tower von London eingekerkert und zum Thronverzicht gedrängt wurde und im Jahr 1400 auf Schloss Pontefract unter ungeklärten Umständen zu Tode kam.

Besonders ihre prachtvolle Entourage machte man der kleinen Prinzessin zum Vorwurf. Der Aufwand, der um ihre Person getrieben wurde – acht Gewandsticker und drei Goldschmiede aus Paris waren mit nach England gekommen –, stieß nicht auf Gegenliebe der sparsamen Engländer. Diese Klagen betteten sich ein in die Kritik, die man an der glanzvollen Hofhaltung Richards II. allgemein übte. Unter dessen Ägide war das Hofpersonal um das Vierfache auf bis zu 700 anwesende Personen angeschwollen.

Nach zwei langen Jahren des Wartens erhielt Isabella schließlich die Erlaubnis zur Rückkehr nach Frankreich. Überglücklich schlossen die Eltern das 12-jährige Mädchen 1401 in Paris in die Arme.

Bald darauf entbrannten neue Kriegshandlungen zwischen den verfeindeten Königreichen. Frankreich ging geschwächt in die neuen Auseinandersetzungen, da eine starke Regierung fehlte und immer wieder Seuchen das Land durchzogen. Die einzige Führungsfigur von Format, Philipp II., der Herzog von Burgund, erlag am 27. April 1404 einer damals grassierenden Krankheit. Voll Sorge hatte Isabeau einen ihrer Knappen »eilig die ganze Nacht hindurch« nach Brüssel reiten lassen, »um den Gesundheitszustand des Herrn von Burgund zu kennen und zu erfragen, welcher dort krank war«. Doch vergebens – der Herzog verstarb noch in derselben Nacht. Ihm folgte sein 33-jähriger Sohn Johann in der Herrschaft über Burgund und Flandern nach, der seiner militärischen Meriten wegen später den Beinamen »Ohnefurcht« tragen sollte. Er besaß jedoch weder die Erfahrung noch die Autorität oder den Verwandtschaftsgrad, der es ihm ermöglichte hätte, von vornherein einen führenden Platz im Vormundschaftsrat einzunehmen.

Alles lief demnach auf Ludwig von Orléans, den Königsbruder, als neuen starken Mann hinaus. Der Machtkampf zwischen Burgund und Orléans ging damit in eine neue und sehr hässliche Runde.

5 Die Familie als Schlangengrube

SZENEN EINER EHE

Das glückliche Eheleben, das Isabeau seit ihrer Ankunft in Paris geführt hatte, wandelte sich mehr und mehr in ein Höllendasein, je stärker die Erkrankung des Königs voranschritt. Während seiner Anfälle war Karl nicht Herr seiner selbst. Er verlor jeden Bezug zur Realität. So glaubte er, er sei aus Glas und könne zerbrechen; weigerte sich, sich zu waschen und saubere Kleider anzulegen; gebärdete sich bei Tisch wie ein Tier; wusste seinen eigenen Namen nicht mehr. Die völlige Hilflosigkeit seiner Umgebung machte die Situation nicht besser: So kleideten sich die königlichen Diener als »Wilde« in schwarze Schutzanzüge, um den kranken König tüchtig zu erschrecken, um ihn dann einzufangen und zu waschen. Die »Schocktherapie« machte den Patienten jedoch noch verstörter, als er ohnehin schon war. Für Isabeau am schmerzlichsten war aber die Tatsache, dass Karl während seiner geistigen Umnachtung extreme Aggressionen zeigte und niemanden mehr erkannte – nicht einmal seine Gemahlin. »Ich könnte unmöglich sagen, wie tief der Schmerz war, den die erlauchte Königin Isabeau ob der Verfassung des Königs empfand. Was sie besonders erschütterte, war, dass der König sie jedes Mal, wenn sie sich ihm erschöpft vom Weinen und Seufzen näherte, um ihm ihre reine Liebe zu bezeugen, von sich stieß und in ruhigem Ton seine Leute fragte: Wer ist diese Frau, deren Blick mich belästigt? Erkundet, ob sie etwas braucht, und befreit mich, so gut ihr irgend könnt, von ihren Nachstellungen und Belästigungen, damit sie sich nicht in dieser Art an meine Fersen heftet«, überliefert der Religieux von Saint-Denis. Doch es blieb nicht beim »ruhigen Ton« – Schläge und üble Schimpfworte folgten mit der Zeit. Manchmal schlug der König seine Königin so hart, dass man die Eheleute voneinander trennen musste, um Schlimmeres zu verhindern. »Hätte er die gleiche Aversion für ihr ganzes Geschlecht gehabt, vielleicht hätte sie sich eines allgemeinen Übels getröstet«, vermutet der Chronist aus Saint-Denis. »Aber er war ganz besonders gewalttätig gegen sie; denn er vergnügte sich genügend mit anderen, vor allem der Herzogin von Orléans.«

Trotzdem erfüllte Isabeau ihre ehelichen Pflichten und begab sich, sobald es der Zustand des Königs zuließ, in seine Gemächer. Nach dem ersten Wahnsinnsanfall bekam sie noch weitere sieben Kinder von ihm. Doch spätestens 1404/05 war die einst große Liebe endgültig erkaltet. Man führte Karl eine Mätresse zu, Odinette de Champdivers, um seine Triebe zu befriedigen. Aus der Beziehung ging die Tochter Margarethe hervor. Odinette, die bis zum Tod des Königs in seiner Nähe weilte, wurde mit Einkünften und Liegenschaften für ihren »Dienst« entlohnt. In seinen lichten Momenten gewann der König seine alte Liebenswürdigkeit zurück. Er entschuldigte sich dann für alle Übergriffe, versuchte Unrecht wiedergutzumachen, indem er neue Verfügungen erließ, und unternahm Wallfahrten. Das Volk nannte ihn den »Vielgeliebten«. Doch die politische Situation entspannte sich dadurch nicht. Jede Hofpartei drängte während der kurzen Genesungsphasen nach Zutritt zum König, um ihn zu beeinflussen und vorteilhafte Beschlüsse von ihm zu erwirken. Dies führte zu einer Vielzahl sich widersprechender Ordonnanzen und Verfügungen. Da die Söhne des Königs minderjährig waren, kam eine Abdankung des Monarchen nicht in Frage, die zu einer Klärung der Machtfrage hätte beitragen können. Statt klarer Verhältnisse regierten stattdessen Chaos und Intransparenz am Königshof.

IN DER HITZE DER GERÜCHTEKÜCHE

Für einen Moment hielt die gesamte Hofgesellschaft den Atem an: Am Himmelfahrtstag des Jahres 1405 erschien ein zorniger Augustinermönch, Jakob Legrand, vor dem Königspaar, um eine Standpauke zu halten, die es in sich hatte: »Edle Königin«, sprach er Isabeau direkt an, »Euer Heil ist mir teurer als Euer Wohlwollen. Ich werde Euch daher die Wahrheit sagen, was auch immer eure Gefühle mir gegenüber sein müssen. Dame Venus regiert allein an Eurem Hof. Trunksucht und Ausschweifung bilden ihr Gefolge und machen die Nacht inmitten der unzüchtigsten Tänze zum Tage; diese verfluchten und höllischen Begleiter, die ohne Unterlass Euren Hof belagern, korrumpieren die Sitten und erregen die Herzen. Überall, edle Dame, spricht man von dieser Unordnung und über vieles andere. Wenn Ihr mir darin nicht glauben wollt, so eilt verkleidet als arme Frau durch die Stadt und ihr werdet sehen, was jedermann sagt.« Starr vor Schreck über so viel Freimütigkeit, musste die Königin zur Kenntnis nehmen, wie sehr ihr Ruf in der Öffentlichkeit bereits gelitten hatte. Auf den Straßen von Paris kursierten die wildesten Gerüchte. Ziemlich ungeschminkt warf man ihr einen zügellosen Lebensstil, Veruntreuung von Steuergeldern, Prasserei und Vetternwirtschaft vor.

Obwohl diese Kritik nicht nur die Königin, sondern die Hofgesellschaft insgesamt betraf, rückte doch Isabeau ins Zentrum der Anfeindungen, weil sie seit 1402 vom König mit gestärkten Vollmachten versehen worden war und seit 1403 auch das Aufsichtsrecht über die Krondomänen besaß. In vollem Einverständnis mit ihrem damals noch lebenden»Mentor« Philipp dem Kühnen stand sie seit diesem Zeitpunkt offiziell dem Familien- und königlichen Rat vor, um vor allem zwischen den streitenden Parteien Burgund und Orléans vermitteln zu können. De facto hatten sich aber die Machtstrukturen nicht geändert. Immer noch war ohne die Zustimmung der im Rat sitzenden Herzöge keine Politik zu machen; immer noch blieb die Königin von deren Wohlwollen selbst bei der Ausübung der Vormundschaft über den Thronfolger abhängig. Als Zielscheibe für jede (un-)gerechtfertigte Unmutsbezeugung eignete sich Isabeau dennoch hervorragend, weil sie – zumindest nach außen – die Macht verkörperte und durch »unwiderrufliche Verleihung (...) die Regierung und Leitung des Königreiches« innehatte, wie es in den Urkunden der Kanzlei hieß. In ihre Kompetenz fiel zudem die Oberaufsicht über die Finanzen des Königreiches, die allerdings schon lange und – in den fortwährenden Kriegshandlungen mit England – auch dauerhaft überstrapaziert waren, ohne dass sie dies grundsätzlich hätte ändern können. Die Staatskassen waren leer – selbst die Kronjuwelen mussten zeitweise versetzt werden.

Dass ausgerechnet 1405 auch noch die Auszahlung des Heiratsgutes der Anna von Bourbon an den Königsbruder Ludwig den Bärtigen anstand, beschleunigte den Ansehensverlust Isabeaus zusätzlich. Nach dem Zeugnis des Religieux von Saint-Denis kam es im Frühjahr 1405 zu einem Zwischenfall, als erboste Bürger aus Metz sechs mit Goldsäcken beladene Pferde des bayerischen Herzogs aufhielten, um den Transportzug nach Bayern zu unterbinden, wobei sie von den Begleitern des Zuges erfuhren, dass dieser nicht der erste seiner Art war. »Viele wunderten sich, dass die Königin Frankreich auf diese Weise verarmen wollte, um die Deutschen zu bereichern.«

Den Unmut, den die einfache Bevölkerung angesichts der horrenden Steuerforderungen des Königshofes empfand, wussten Männer an der Spitze der Hierarchie gut für ihre Zwecke zu nutzen. Als Meister im Streuen von Gerüchten erwies sich Johann Ohnefurcht, der neue Herzog von Burgund, der seit dem Tod seines Vaters Philipp um seinen Einfluss bei Hofe bangte: Isabeau stützte sich in der Regierungsarbeit seit neuestem ganz auf ihren Schwager Ludwig von Orléans, der ihr gefühlsmäßig nahestand. Auch ihren eigenen Bruder begann die Königin ab Winter 1404/05 zunehmend zu den Ratssitzungen hinzuzuziehen, um sich im Parteienzwist stärkeren Rückhalt zu verschaffen. Die Ausschreibung einer neuen Kriegssteuer durch den orléanistisch bestimmten Hof nahm der Burgunderherzog daher zum Anlass, die Stimmung gegen die Königin offensiv anzuheizen. In einer großen Geste verweigerte er im Namen seiner Ländereien die Leistung der Steuer, »weshalb er groß geliebt und allgemein vom ganzen Volke gelobt wurde«. In den Tavernen tauchten plötzlich Agenten des Burgunders auf, die »falsche Behauptungen über die Königin und den Herzog von Orléans verbreiteten«. Die Königin sei habgierig, hieß es, plündere gemeinsam mit ihrem Schwager das Land, protegiere ihren Bruder über Gebühr, vernachlässige dabei ihre Kinder und ihren kranken Mann. »So sagte man öffentlich viele Dinge, die sehr schmutzig und unehrenhaft waren«, berichtet der Chronist Juvénal des Ursins über den Klatsch und Tratsch in den Gassen von Paris.

Die gehässigen Reden gegen die Königin, die Steuereintreiber und den Generalkämmerer schlugen sich bald in Schriftwerken nieder. Das anonym im Umfeld des Hofes verfasste Pamphlet »Le songe véritable« (Der wahrhaftige Traum), das um 1406 kursierte und eindeutig aus dem pro-burgundischen Lager stammte, kritisierte die Königin in harten, aber kunstvollen Spottversen: So wurde der luxuriöse Lebensstil der Königin angeprangert und ihr vorgeworfen, sie würde ihre Wittelsbacher Verwandtschaft mit Geschenken und Geld verwöhnen, während das einfach französische Volk darben müsse. »Was auch die Königin betrifft, dreht sich ihr ganzes Denken, ihr ganzes Tun, davon zu nehmen, was sie kann, aber nicht so viel wie sie will (...) Und heimlich und verschwiegen, hat sie ihrem Vater gesandt in ihre Heimat, oder ihrem Bruder.« Obwohl die junge Isabeau von der Schicksalsgöttin Fortuna zur französischen Königin gemacht und mit einem guten Ruf ausgestattet worden sei, habe sie es geschafft, ihr Ansehen in kürzester Zeit komplett zu ruinieren. »In schlechter Stunde änderte sie sich, so dass sie in weniger als einem Jahr als Königin verrufen war und es weiterhin bleiben wird«, hieß es darin.

Es war von dort nur mehr ein kleiner Schritt, der »Königin des schlechten Rufs« auch noch einen Ehebruch anzudichten. Die politische Annäherung an das Orléans-Lager nährte Gerüchte, die Königin unterhalte eine Liebesbeziehung mit ihrem eigenen Schwager, und ihr Sohn Karl, der spätere Karl VII., sei ein Kind dieser Liebe. Um 1420 wurde dieser Vorwurf in der 8000 Verse umfassenden Schmähschrift »Le Pastoralet« relativ offen erhoben. Die in dem Gedicht genannten Personen trugen zwar Decknamen, waren aber dennoch als zeitgenössische Persönlichkeiten zu identifizieren. Die heimliche Liebe der schönen, verheirateten Hirtin Belligère mit Tristifer war darin der Grund für das Unglück des Landes. »So vergeht die ganze Nacht und wird mit solcher Sach verbracht, und sie werden so in Lieb entfacht, dass zum Hahnrei Florentin (= Karl VI.) gemacht.«

Die Verleumdungen trugen ihre Früchte – pro-burgundische Autoren wie der Religieux von Saint-Denis griffen solche Vorwürfe in ihren an und für sich seriösen Werken auf und sorgten

Von der früheren Residenz der französischen Könige am rechten Seine-Ufer, dem heute zum Museum umgewandelten Louvre, finden sich im Untergeschoss des Sully-Flügels noch Fundamentreste der mittelalterlichen Burganlage, einem stattlichen Donjon (Wohnturm) mit Mauerring.

dafür, dass Isabeau auch in der Zukunft eine nachhaltig »schlechte Presse« bekam. Je stärker der Konflikt Orléans–Burgund sich zuspitzte, desto übler wurde die Nachrede und desto schwerer war sie aus der Welt zu schaffen.

FLUCHT AUS PARIS

Um die öffentliche Meinung weiter zu seinen Gunsten zu beeinflussen, forderte der burgundische Steuerverweigerer Johann Ohnefurcht eine Reform des Finanzwesens und prangerte die Münzverschlechterung der Regierung an. Mitte August 1405 schickte er sich an, »zum Wohle des Königs und des Reiches« mit einem bewaffneten Heer auf Paris zu marschieren. Entsetzt flohen Isabeau und der Herzog von Orléans unter dem Vorwand eines Jagdausfluges nach Melun. Die Kinder, einschließlich des fiebernden Thronfolgers, sollten unter dem Schutz Ludwigs des Bärtigen nachgebracht werden. Die Nacht-und-Nebel-Aktion bei heftigem Gewitterregen scheiterte jedoch: Johann Ohnefurcht fing die kleine Reisegruppe tags darauf ab und brachte den Thronfolger nach heftigem Wortwechsel mit dem Bayernherzog, aber unter dem Jubel der Pariser in die Hauptstadt zurück, wo bereits die Truppen des Burgunders eingetroffen waren.

Während der kranke Dauphin unter burgundischer Bewachung in den Louvre gebracht wurde, stellte Johann Ohnefurcht dem in Paris verbliebenen Karl VI. sein Reformkonzept vor. Die falsche Nachricht von der »Entführung« des Dauphins durch den Bruder der Königin ließ er zudem in allen Städten verbreiten. Danach berief er die verbliebenen königlichen Räte unter Beisein des Thronfolgers, Vertretern der Universitäten, der Gerichtshöfe und des Rechnungshofes ein, um ihnen seine Beschwerdeschrift vorzutragen, in der er die Versäumnisse der Regierung, wie die Korruption und Verschleuderung des Staatsvermögens, aufzählte. Darunter mischte er auch gezielte Desinformationen: Der König vegetiere völlig verwahrlost in seinen Gemächern dahin, habe nichts Ordentliches anzuziehen und werde bewusst in Not und Elend gehalten, hieß es.

Das Königreich stand kurz vor einem Bürgerkrieg, als auch der Herzog von Orléans seine Gefolgsleute mobilisierte und in einem offiziellen Protestschreiben gegen das ungebührliche Verhalten seines burgundischen Cousins opponierte. Er beschuldigte den Burgunder, sich des Thronfolgers widerrechtlich bemächtigt zu haben, der davon krank geworden sei, und die Macht über das Königreich, »wie es ihm nicht gebührt noch zusteht«, ergreifen zu wollen. Auch diese Version wurde in allen Städten verbreitet. Die Spaltung der Gesellschaft in zwei tief verfeindete Lager war nicht mehr aufzuhalten. In letzter Minute konnte ein bewaffneter Konflikt verhindert werden, diplomatische Initiativen führten schließlich im Oktober einen Ausgleich herbei. Der königliche Rat verbot im Namen des Königs alle weiteren Gewalttätigkeiten und befahl den Herzögen die sofortige Auflösung der Truppen.

Die gemäßigte Hofpartei hatte sich damit durchgesetzt, und Isabeau konnte mit ihrem Hofstaat »in vielen Sänften, gefederten Wagen, mit golddurchwirkten Tüchern bespannt,

Prunkrössern und anderem Schmuck« in Paris einziehen, wie Juvénal des Ursins berichtet. In einer pompösen Zeremonie beschworen die Herzöge von Orléans und Burgund vor dem königlichen Rat Frieden und Einheit. Am 25. Oktober folgte in Notre-Dame unter Beisein der Königin, ihrer Kinder und der Herzöge von Orléans und Burgund eine Versöhnungsmesse.

EINE MÖRDERISCHE FAMILIE

Trotz der heiligen Schwüre waren die Gegensätze zwischen den beiden streitenden Cousins keineswegs ausgeräumt. Die Auseinandersetzung ging nur in eine neue Runde. Im königlichen Rat bemühte sich Johann Ohnefurcht, zumindest einige Punkte seines Reformkonzeptes umzusetzen und die königlichen Finanzen in Ordnung zu bringen. Dazu bediente er sich eines Vertreters der Universität, des Kanzlers Johann Gerson, der in einer langen Rede mit dem Titel »Vivat rex« vor dem Rat ausführte, dass auch die Macht des Monarchen – und darin inbegriffen: seiner Stellvertreter – begrenzt und vom königlichen Rat zu kontrollieren sei. Der Staat sei eine organische Einheit von Fürst und Volk und diene dem Gemeinwohl. Daher sei der Monarch nicht Herr des Staates, sondern das Haupt eines Gesellschaftskörpers mit vielen Gliedern. Das Haupt könne ebenso wenig allein existieren wie die Glieder. Die anti-orléanistische Stoßrichtung war offensichtlich.

Als der König kurzzeitig wieder genesen war, ging der Burgunderherzog noch einen Schritt weiter und erwirkte von ihm im Januar 1406 eine Ordonnanz, die ihn in alle Ämter und Funktionen einsetzte, die bereits sein Vater Philipp der Kühne innegehabt hatte. Die Herzöge und der königliche Rat sollten während der »Absenzen« des Königs gemeinsam die Regierung übernehmen. Ludwig von Orléans sah diese Entwicklung mit höchstem Misstrauen, da er sich durch sie benachteiligt fühlte, und drängte seinerseits während der Abwesenheit seines Cousins aus Paris darauf, die Zusammensetzung des Rates zu seinen Gunsten zu verändern. Er ließ die Zahl der Räte während einer Versammlung unter Vorsitz des Kronprinzen auf 26 reduzieren, um seinen eigenen Anhängern ein Übergewicht in diesem wich-

Der Vetternmörder: Johann Ohnefurcht

Furchtlos war Johann, der Sohn des kühnen Burgunderherzogs, ganz gewiss: Nicht nur auf dem Schlachtfeld, sondern auch, wenn es um den Ausbau seiner Machtstellung in Burgund und Frankreich ging. 1371 in Dijon geboren und in Flandern erzogen, fühlte er sich dem Königreich Frankreich nicht mehr ganz so eng verbunden wie sein Vater. Über seine Mutter Margarete von Flandern regierte er neben dem Herzogtum Burgund auch die überaus reichen Grafschaften Flandern, Artois, Nevers und die Freigrafschaft Burgund, was den Aufbau einer sehr eigenständigen Territorialherrschaft neben, womöglich auch gegen Frankreich ermöglichte. Der nach außen mürrisch, wortkarg und verschlossen wirkende Fürstensohn ging entschlossen daran, diese Möglichkeiten zu nutzen. Dass er sich nicht schnell einschüchtern ließ, hatte er schon auf dem Schlachtfeld von Nikopolis (Bulgarien) 1396 bewiesen, als er an der Spitze eines französischen Kreuzzugheeres gegen die Osmanen kämpfte und dabei in schwerste Bedrängnis an vorderster Front geriet. Aus der Gefangenschaft seiner Feinde erlöste ihn nur eine satte Lösegeldzahlung. Mit der gleichen Kaltblütigkeit, mit der er die Katastrophe von Nikopolis überlebte, ging er nach dem Tod seines Vaters 1404 daran, als neuer Herzog von Burgund die Zügel der Macht in die Hand zu nehmen.

Den Konflikt mit Ludwig von Orléans löste er mit Hilfe gedungener Mörder. Trotzdem gelang ihm das Kunststück, die Tat zu rechtfertigen, sich als Anwalt des Volkes zu präsentieren und seine Machtposition bei Hof zu wahren. Mit Unterstützung der Handwerkerzünfte und der Universität ließ er sich als Staatsreformer feiern, der der allgegenwärtigen Korruption den Kampf ansagte, und er nutzte die Gelegenheit, um die Anhänger der orléanistischen Partei aus Regierung und Verwaltung zu drängen. Der folgende Machtkampf zwischen den

»Bourguignons« und den »Armagnacs« (Orléans) stürzte Frankreich in einen blutigen Bürgerkrieg, der das Land an den Rand des Ruins trieb. Das Debakel endete schließlich 1419 mit der Ermordung des furcht- und skrupellosen Burgunderherzogs. Das Schicksal brachte den Mörder selbst durch Mörderhand zu Fall.

Neben seiner beispiellosen Willensstärke besaß Johann Ohnefurcht aber auch eine andere Seite. Christine von Pisan nannte ihn »weise« und »gerecht«, einen Prinzen »aller Güte«. Den schönen Künsten gegenüber zeigte er sich aufgeschlossen; an seinem Hof pflegte er einen luxuriösen Lebensstil. Vor allem interessierte er sich aber für die Militärkunst – der einzige erhaltene Schlachtplan des Mittelalters geht auf ihn zurück, er ließ ein byzantinisches Lehrbuch für den Krieg übersetzen und förderte vorausschauend den Aufbau einer Artillerie.

tigen Gremium zu verschaffen. 20 orléanistische Ratgeber standen nun zwei burgundischen und vier anderweitigen Parteigängern gegenüber. Johann sah sich damit unvermittelt um seinen Einfluss gebracht. Er verlor nicht nur seine einflussreiche Stellung im Rat, sondern auch wichtige Steuereinnahmen aus seinen Lehen, die ihm der König bislang gewährt hatte und die ihm nun verweigert wurden. Der ihm wohlgesonnene Schatzmeister Robert de Versailles verlor sein Amt, die bislang gewährten Subsidien wurden drastisch gekürzt. So griff er zum letzten Mittel, um seine Position zu wahren: dem politischen Mord.

Am Abend des 23. November 1407 befand sich der Herzog von Orléans gerade auf dem Nachhauseweg vom Hôtel Barbette, wo er Isabeau besucht hatte, die wenige Tage zuvor von ihrem zwölften und letzten Kind, dem nur wenige Stunden überlebenden Philipp, entbunden worden war. Ein Diener hatte den Herzog unter dem Vorwand, der König wolle ihn sprechen, aus dem Palais gelockt. Auf dem Weg zum Hôtel Saint-Pol fingen ihn in einer engen Gasse bewaffnete Männer ab, zerrten ihn vom Pferd und erschlugen ihn brutal mit Axt und Morgenstern. Seinen Ruf »Ich bin der Herzog von Orléans!«

beantworten sie mit einem unmissverständlichen: »Genau dich suchen wir!« Der Körper Ludwigs wurde grausam zerstümmelt, eine Hand abgehackt, der Kopf eingeschlagen. Blutüberströmt lag der Leichnam auf der Straße. Dass das Attentat geplant war, bestätigten Zeugen, die den vermummten Anführer der Bande aus einem Haus kommen sahen und mit den gedungenen Mördern sprechen hörten.

Schon am nächsten Tag wusste unter der Hand jeder, wer diesen fürchterlichen Anschlag zu verantworten hatte: Johann Ohnefurcht, der auch nicht lange zögerte, die Tat zuzugeben. Er floh zwar zunächst aus Paris, kehrte aber Anfang des Jahres 1408 zurück und ging zur Offensive über. In einer groß angelegten Verteidigungsschrift, vorgetragen vor dem ganzen Hof vom berühmten Theologen und Prediger Johann Petit, rechtfertigte er seine Tat als »Tyrannenmord«. Haarklein zählte er die Taten Ludwigs von Orléans auf und warf ihm zahlreiche »Verbrechen gegen die göttliche Majestät« vor. Er habe versucht, den König zu verhexen, um selbst an die Macht zu kommen, die Kirchenspaltung gefördert, mit den feindlichen Engländern paktiert und völlig überzogene Steuern erhoben. Daher sei es rechtens gewesen, ihn zu töten; den Burgunderherzog treffe kein Tadel, vielmehr sei er ein Retter aus der Not. Auch wenn der Hof – und besonders die verwitwete Valentina von Orléans – zutiefst empört war, in der Öffentlichkeit kam die Verteidigung gut an; Johann Petit wiederholte die Rede vor einer großen Volksmenge auf dem Platz vor der Kathedrale Notre-Dame. Zur endgültigen Absicherung nutzte der Burgunderherzog schließlich eine kurze Genesungsphase des Königs, um sich von ihm einen »Persilschein« ausstellen zu lassen. Karl VI. gewährte ihm Amnestie und attestierte ihm, »zum Erhalt, zum Schutz und zur Sicherheit des Königs gehandelt« zu haben. Damit blieb der Mord am Königsbruder ungesühnt. Es war der Auftakt zum Bürgerkrieg.

6 Frankreich am Abgrund

EIN TRÜGERISCHER AUSGLEICH

Gegen den mächtigen, in der Pariser Bevölkerung beliebten Burgunderherzog kam Isabeau, die den Mord an dem vertrauten Ludwig von Orléans zunächst zu rächen bereit war, beim besten Willen nicht an. Geschickterweise ging Johann Ohnefurcht auch noch ihre Wittelsbachische Verwandtschaft aus dem Hennegau um Vermittlungsdienste an. Sein Schwager Wilhelm von Niederbayern-Straubing-Holland eilte nach Paris, um die alten wittelsbachisch-burgundischen Beziehungen wiederzubeleben. Dessen Stimme konnte Isabeau kaum überhören. Da Valentina, die verwitwete Herzogin von Orléans, inzwischen verstorben war und ihre Söhne auf Grund ihrer Jugend kaum handlungsfähig waren, gelang schlussendlich der Ausgleich. In einer prächtigen Zeremonie wurde am 9. März 1409 in der Kathedrale von Chartres die Versöhnung zwischen den Häusern Burgund und Orléans gefeiert. Feierlich schworen die beiden verfeindeten Familienzweige vor dem gesamten Hofstaat, dem Königspaar und den hochrangigsten Kirchenvertretern auf Kreuz und Evangelium, fortan Frieden zu halten und jede gegen den anderen gerichtete Handlung zu unterlassen. Tränenüberströmt gewährten die Orléans-Söhne dem Mörder ihres Vaters Vergebung; zähneknirschend nahmen das Königspaar und die Orléans-Anhänger die Aussöhnung zur Kenntnis.

Dass es sich um nicht viel mehr als eine Show-Veranstaltung handelte, zeigten schon die zahlreich anwesenden bewaffneten Kräfte. Der Wittelsbacher hatte die Zusammenkunft von 400 Rittern und 100 Bogenschützen sichern lassen; der Burgunderherzog wagte nur mit einer Begleitung von 600 Soldaten, vor dem König zu erscheinen. Es war für ihn lediglich ein Sieg auf Zeit, denn dass die Söhne des Ermordeten eines Tages Genugtuung fordern würden, erschien unausweichlich. Johann Ohnefurcht wusste, dass er das Volk von Paris bei Laune halten musste, um seine Machtposition zu behalten, hatte er sich doch mit seinen Reformforderungen weit aus dem

Fenster gelehnt. Um zu zeigen, dass er es ernst meinte, musste er nun auch gegen Korruption und Steuermissbrauch vorgehen. Als erstes Opfer bot sich ihm der königliche Oberhofmeister Johann von Montaigu an, der seit Langem in königlichen Diensten stand, für die Finanzen des königlichen Haushalts verantwortlich zeichnete und auch Isabeau in diesen Fragen beriet. Der überaus reiche und einflussreiche Mann, der Karl VI. von Beginn seiner Regierung an unterstützt und aus seiner anti-burgundischen Einstellung nie einen Hehl gemacht hatte, wurde im Auftrag Johanns verhaftet und gestand unter Folter die aberwitzigsten Verbrechen, die die Todesstrafe nach sich zogen, so die »Verzauberung« des Königs.

Seine Verhaftung löste in Paris große Aufregung aus. Isabeau versuchte, gegen den Scheinprozess zu intervenieren, doch vergeblich. Zu sehr war die Stimmung in Paris aufgeheizt. Auf einem Henkerskarren schaffte man den Verurteilten nur zehn Tage nach dem Prozess zur Richtstätte bei den großen Markthallen von Paris, enthauptete ihn dort und hängte seinen Leichnam am Galgen vor den Toren der Stadt auf. Großzügig verteilte der Burgunderherzog anschließend die eingezogenen Güter Montaigus an seine Gefolgsleute.

Unübersehbar für alle nahm Johann die Zügel der Regierung in die Hand. Entschlossen ging er daran, die Stellen im königlichen Rat mit seinen Getreuen zu besetzen und seine angekündigte Finanzreform durchzuführen. Selbst Berater der Königin waren vor seinen »Säuberungen« nicht sicher. Ein gewichtiger Gegenspieler erwuchs ihm aber in Karl von Orléans, Ludwigs Sohn, der eine Allianz gegen Burgund unter Führung seines Schwiegervaters, des Grafen Bernhard von Armagnac, schmiedete. Denn nicht jeder im Land war einverstanden mit dem Machtzuwachs für den furchtlosen Burgunderherzog.

DER EINFLUSS LUDWIGS DES BÄRTIGEN AUF DIE FRANZÖSISCHE POLITIK

Isabeau reagierte auf die Ermordung Ludwigs von Orléans mit großer Verunsicherung. Fast schon panisch hatte sie nach dem Attentat das Hôtel Barbette verlassen und sich in das stärker befestigte Hôtel Saint-Pol begeben. Instinktiv stützte sie sich in dieser schweren Zeit auf ihren Bruder Ludwig, der 1407 gerade seit einigen Monaten wieder in Paris weilte und nun für die nächsten Jahre bei ihr bleiben sollte. Er betreute seine Schwester nicht nur in der Mordnacht Ludwigs, in der er sie in einer Sänfte in Sicherheit bringen ließ, sondern begleitete sie auch in ihr Ausweich-Domizil nach Melun. 1408 wurde der Ingolstädter Herzog zum Gouverneur des kronprinzlichen Hofes ernannt, was ihm eine einflussreiche Stellung an der Seite seiner Schwester sicherte. Der Thronfolger Ludwig, in Frankreich Dauphin genannt, stand gerade im zwölften Lebensjahr und war damit noch unmündig. Der bayerische Onkel übernahm nun die Aufgabe, den Thronfolger überallhin zu begleiten, seine höfische und politische Erziehung zu überwachen und für seine Sicherheit Sorge zu tragen. Dafür erhielt er eine persönliche Dienerschaft von zehn Personen zugewiesen, die aus dem Haushalt des Kronprinzen bezahlt wurde, sowie eine jährliche Pensionszahlung von 12.000 Francs bewilligt. Für den Hof übernahm er unter anderem auch diplomatische Missionen.

Während all dieser Verpflichtungen musste der Bayernherzog einen schweren persönlichen Verlust erleiden, als im Sommer desselben Jahres seine Gemahlin Anna von Bourbon kaum 30-jährig starb. Der trauernde Witwer ließ ihren umfangreichen und wertvollen Reliquienschatz zusammen mit ihrem in einer Kapsel gefassten Herz nach Bayern überführen. Mit der Hinterlassenschaft reiste auch der gemeinsame Sohn und Erbe Ludwig der Bucklige in das Heimatland seines Vaters.

Die Geschwister Ludwig und Isabeau hatten zunächst versucht, zwischen den streitenden Parteien zu vermitteln und weitgehende Neutralität zu wahren. Zu Johann Ohnefurcht nahmen sie eine wohlwollend-distanzierte Haltung ein, die ihre ganz eigenen finanziellen Früchte trug, als Ludwig ausgerechnet den größten Teil der konfiszierten Montaigu-Ländereien mitsamt dem neu erbauten Schloss von Marcoussis übertragen bekam. Damit machte er sich freilich keine Freunde im Orléans-Lager, und schon gar nicht bei der Witwe Johann Montaigus, die sich gerichtlich um die Rückerstattung

Bayerische Gefolgsleute am französischen Königshof

Mit Isabeau und ihrem Bruder Ludwig kamen zahlreiche, überwiegend aus Bayern stammende Gefolgsleute mit nach Paris, auf deren Loyalität sich das Geschwisterpaar besonders verlassen konnte. Hatte der deutsche Anhang Isabeaus nach ihrer Hochzeit zunächst nur aus zwei Personen – ihrer Amme und ihrer Freundin Katharina Fastavarin (vermutlich Frasdorfer oder Fraunsdorfer), genannt Katherine l'Allemande – bestanden, wurde er ab 1400 immer größer. Der Umfang wuchs in dem Maße, in dem die französische Königin sich bei ihrer Regierungsarbeit auf ihren Bruder stützte. Zu den vertrauten Gesichtern um Isabeau zählten u. a. Anna Schmiecher von Schmiechen und ihre Tochter Elisabeth, Els von Diedenhofen, Ursula Spazequerin, Elisabeth Marschalk, Amalie von Ortenburg und Sigonie Rohrbeck von Rohrbach. An männlicher Begleitung standen ihr die Edelknechte Ulrich und Heinrich Zweienkircher, Jörg Ganser, der Ritter Konrad Bayer von Boppard und der spätere Hofmarschall Hanns Frauenberger von Laberweinting zur Seite. Ludwig brachte für seine mehrjährigen Aufenthalte in Frankreich zwischen 1407 und 1415 weiteres Personal mit – Ritter, Räte, Schreiber und Juristen. Doch selbst in »Spitzenzeiten« dürfte diese bayerische »Hofkolonie« nicht mehr als 30 Köpfe umfasst haben, nicht mit eingerechnet das einfache Personal – Diener, Köche, Spielleute, Knechte –, das sich aufgrund der mangelhaften Quellenlage nicht genau beziffern lässt.

Isabeau kümmerte sich um die Versorgung ihres Gefolges, arrangierte gute Eheverbindungen, schacherte ihren Vertrauten Ämter und Würden zu und zeigte sich finanziell überaus großzügig. So konnte es nicht ausbleiben, dass auch der deutsche Teil der Hofgesellschaft während des Cabochien-Aufstandes in die Kritik geriet. Mit Ludwig dem Bärtigen traten Landsleute wie Konrad

Bayer von Boppard und Elisabeth Marschalk ihren Weg in die Gefängnisse an. Der Mob plünderte anschließend nicht nur des Herzogs prunkvolle Stadtresidenz, sondern hielt sich auch am Besitz seiner Höflinge schadlos. Der Sekretär Heinrich Häberger aus Öttingen beklagte sich noch 1436 über einen nicht entschädigten Sachschaden von 136 Gulden. Nach dem Ende des Aufruhrs begannen sich die bayerisch-französischen Beziehungen zu lösen. Als Ludwig im Februar 1415 an der Spitze einer französischen Delegation zum Konstanzer Konzil zog, um die burgundische Theorie vom »Tyrannenmord« zu widerlegen, nahm er so gut wie alle Vertrauten mit sich: Heinrich Häberger, Konrad Bayer von Boppard mit seinen Söhnen, die Räte Christoph Layminger und Ruprecht Freudenberger, selbst den Küchenmeister Erhard Muckentaler. Sie kehrten wie ihr Dienstherr nie mehr nach Frankreich zurück. Die meisten Gefährten aus der Pariser Zeit machten danach im Ingolstädter Verwaltungsdienst Karriere.

So wurde es nach 1415 recht still um Isabeau. Von ihren deutschen Hofdamen waren viele nach Bayern zurückgekehrt oder lebten inzwischen bei ihren Ehemännern. Nur wenige Damen, wie Elisabeth Marschalk und deren Hoffräulein Katharina Tüsslinger sowie Amalie von Ortenburg-Moy, und der getreue Marschall Hanns Frauenberger blieben zunächst noch in ihrem Dienst. Am Ende ihres Lebens standen nur noch zwei vertraute Frauen an ihrer Seite: Amalie von Ortenburg und ihre Schwägerin Katharina von Alençon, die ihren in Bayern lebenden Ehemann Ludwig den Bärtigen nie mehr wiedersah.

ihrer Güter bemühte. Vielmehr half sein Verhalten Johann Ohnefurcht am allermeisten, da dieser seine Stellung bei Hofe festigen und sogar ab Dezember 1409 die Regentschaft für den Dauphin übernehmen konnte.

Die Lage spitzte sich dramatisch zu, als im April 1410 die Gegner Burgunds unter Führung Bernhards von Armagnac die

Liga von Gien schlossen und der Bürgerkrieg offen ausbrach. Schon tauchten die ersten plündernden Söldnerscharen vor den Toren von Paris auf. In der Hauptstadt lagen die Nerven blank: »He, gekrönte Königin Frankreichs! Schläfst du nun? Wer hindert Dich, dass du alsbald herbeieilst, um die Zügel zu nehmen und diese tödliche Entwicklung anzuhalten? Siehst Du denn nicht das Erbe Deiner edlen Kinder auf dem Spiel? Du, Mutter der edlen Erben Frankreichs, gestrenge Fürstin, wer außer Dir vermag hier etwas?«, fragte Christine de Pisan die Königin herausfordernd. Doch für Vermittlungsbemühungen blieb immer weniger Spielraum, obwohl sich Isabeau persönlich darum kümmerte.

Auf Betreiben Burgunds wurden die Orléans-Parteigänger im Oktober 1411 vom König zu Rebellen und Feinden des Königtums erklärt und der Burgunderherzog mit der Niederwerfung des Aufstandes beauftragt. Der Krieg brach erneut aus. Die Situation verschärfte sich noch, als bekannt wurde, dass die Armagnacs mit den Engländern paktierten und die ersten englischen Truppen in der Normandie französischen Boden betraten. In Paris bewaffneten sich die Zünfte, allen voran die lautstarken Metzger, um ganz im Sinne der burgundischen Propaganda städtische Freiheiten und gerechte Steuern einzufordern.

IM AUGE DES STURMS

Während der Burgunderherzog mit seinen bewaffneten Kräften Paris dominierte, geriet Ludwig der Bärtige zunehmend in den Fokus der Kritik. Seine lange neutral-vermittelnde Haltung legte man ihm nun als Wankelmütigkeit aus. Im Frühling 1412 rottete sich eine aufgebrachte Menschenmenge vor seinem Pariser Domizil zusammen und beschuldigte ihn offen, ein Anhänger der Orléans zu sein. Fluchtartig musste der Bayer die Hauptstadt verlassen, wobei er selbstverständlich nicht vergaß, seine Wertsachen mitzunehmen. Burgundische Vasallen überfielen jedoch den Warentransport und erschlugen mehrere seiner Bewacher, darunter einen jungendlichen bayerischen Edelknaben, auf besonders grausame

Art und Weise. Ludwig konnte zum Glück nach Valenciennes ausweichen, wo er mehrere Monate ausharrte. Trotz dieses gefährlichen Zwischenfalls ging der Herzog daran, mit Hilfe seiner Schwester ein weiteres gewinnbringendes, aber hochriskantes Unternehmen umzusetzen: seine erneute Verheiratung mit einer hochadligen französischen Dame. Katharina von Alençon hieß die neue Auserwählte, die zuvor mit Peter von Navarra, Graf von Mortain, verheiratet gewesen war, einem Cousin des Königs. Erneut winkte eine enorme Mitgift von rund 60.000 Francs, zusammen mit einer großen normannischen Grafschaft. Zu einem Zeitpunkt, zu dem ganz Paris über Finanzreformen sprach und die Verschwendungssucht des Hofes beklagte, war diese erneute Mitgift ein Affront für alle Reformbefürworter.

Seit Januar 1413 tagten die Generalstände in Paris, um die Finanzen in den Griff zu bekommen und den Krieg gegen England vorzubereiten. Prompt nutzten die Vertreter der Stände – allen voran die der Stadt und der Universität von Paris – die Gelegenheit, um den Hof wegen seiner Verschwendungssucht und der Zweckentfremdung der Kriegssteuern anzuklagen. Der eloquente Universitätstheologe Benedikt Gentien kritisierte die überhöhten Pensionen der Höflinge, deren Zuwendungen er im Einzelnen auflistete, und lehnte die Gewährung von Kriegshilfen durch den Steuerzahler mit dem Hinweis ab, der König müsse nur sparen, um an Geld zu kommen. Noch deutlicher wurde der Karmelitermönch Eustache de Pavilly, der eine Pergamentrolle »so dick wie eine Männerfaust« mit Vorwürfen verlesen ließ und die Namen von 25 hochrangigen königlichen Beamten benannte, die er der Korruption und des Amtsmissbrauchs bezichtigte, weshalb er deren sofortige Entlassung forderte. Revolutionär klangen auch seine Forderungen neben der Absetzung aller obersten Finanzbeamten: Revision der bisherigen Kammerrechnungen, Kürzung der Pensionen, Annullierung aller Sonderzuwendungen, Zwangsabgabe für die reichsten Personen des Landes. Der vom Burgunderherzog geschürte Druck veranlasste den Dauphin, in der Tat zahlreiche hochrangige Beamte zu entlassen.

In diese äußerst gereizte Stimmung fiel nun also die Nachricht von der erneuten Verheiratung Ludwigs des Bärtigen und den damit verbundenen finanziellen Transaktionen. Außerdem fürchteten die aufständischen Bürger ein Zusammengehen des Königshofes mit der Armagnac-Partei anlässlich dieser Hochzeit – womöglich sogar eine Entführung des Königs, falls die feierwütige Hofgesellschaft sich in eine der Landresidenzen zurückzog. Die Hochzeit wurde damit zum berühmten Tropfen, der das Fass zum Überlaufen brachte. Die Metzger und Abdecker der Stadt unter ihrem Anführer Simon Caboche waren nicht gewillt, diesen neuerlichen Affront hinzunehmen.

DER CABOCHIEN-AUFSTAND

Am Tag vor der geplanten Hochzeit Ludwigs mit Katharina von Alençon, am 22. Mai 1413, wälzte sich eine etwa tausendköpfige aufgebrachte Menschenmenge unter Führung Caboches die Straße zum Hôtel Saint-Pol hinab, wo der königliche Rat mit dem Königspaar, dem Dauphin, dem Herzog von Burgund und weiteren Würdenträgern versammelt war. Die teils bewaffnete Menge verschaffte sich Zutritt zum Palast, strömte in die Innenhöfe, während eine Abordnung bis zum König vordrang. Die lärmenden Aggressoren zwangen den gerade wieder genesenen König und seinen Sohn, die weißen Mützen der kommunalen Freiheitsbewegung der flandrischen Städte aufzusetzen. Wiederum war es Eustache de Pavilly, der die Beschwerden des Volkes rhetorisch geübt vor dem Königspaar vortrug. Nur die Liebe zum König treibe das Volk zum Handeln, so der gelehrte Karmeliter, um ihn von seinen schlechten Beratern zu befreien. Unkraut habe sich breit gemacht im Garten des Königs und seiner Königin, und dieses müsse man an der Wurzel ausreißen. Die Unkräuter seien Diener und Hofleute, die die königlichen Lilien am Gedeihen hinderten. Besonders der Gärtner, sprich der König, müsse ein Interesse haben, den Wildwuchs auszujäten. Um keine Zweifel aufkommen zu lassen, übergaben die Aufständischen auch gleich eine Pergamentrolle mit Namen derjenigen, die als »Unkraut« den Garten des Königs zu verlassen hatten; als erster wurde Ludwig der Bärtige genannt, dann folgten weitere hochrangige Mitglieder der Hofgesellschaft, darunter drei Hofmeister Isabeaus, ihr Sekretär und ihr Beichtvater, ihre vertrautesten Hofdamen sowie der Kanzler, der Gardekapitän und der Schatzmeister des Dauphins. Isabeau nahm es versteinert zur Kenntnis. Ihre flehentlichen Vermittlungsversuche schlugen fehl, selbst der Herzog von Burgund zeigte sich gegen die Übermacht aus den Pariser Markthallen hilflos. Er konnte den Gang der Dinge ebenso wenig beeinflussen wie die Tränen des Dauphins. »Die Königin empfand bitteren Schmerz und konnte ihre Tränen und ihr Schluchzen nicht unterdrücken, als sie von diesen häßlichen Anschlägen erfuhr, die sie als persönliche Beleidigung empfand«, berichtet der Chronist von Saint-Denis. »Sie tat all ihr Bemühen, auf dass man ihrem Bruder die Freiheit zurückgäbe. Aber die Häupter des Aufstandes schenkten weder ihren flehentlichen Bitten noch ihrem heftigen Tadel die geringste Beachtung.«

Welche Demütigung für das Herrscherpaar Frankreichs! Tatenlos musste es zusehen, wie seine engsten Vertrauten verhaftet und in die Gefängnisse geworfen wurden: 20 Herren, allen voran der unbeliebte Bayernherzog, und 15 Hofdamen mussten den Palast zwangsweise verlassen. Selbst in den Gemächern der Königin hatten die Cousinen und Freundinnen Isabeaus keinen Schutz gefunden. »In beispielloser Barbarei packten sie mit ihren unheiligen Händen mehrere der vornehmsten und angesehensten Damen des Hofes, die, als sie sie heranrücken sahen, allesamt zitternd geflohen waren und sich in den heimlichsten Gemächern des Palastes versteckt hatten. Ich könnte nicht sagen, wie arg es die Königin schmerzte, als sie sich auf diese Art der Gegenwart ihres Bruders und der Gesellschaft der Damen ihres Gefolges beraubt sah«, so der Bericht der Chronik von Saint-Denis. Bonne de Visconti, Katharina von Villiers, Elisabeth Marschalk und Margarete Aubin mussten den Weg in die Gefängnisse antreten. Unter dem Geheul der Menge wurden sie unter strengster Bewachung in ihre Kerker gebracht – die Damen in die Conciergerie auf der Seine-Insel, Ludwig der Bärtige in den Louvre. Während schon in den nächsten Tagen die ersten Exekutionen in den Markthallen stattfanden, musste der Bruder der Königin eine langwierige Untersuchung der Inbesitznahme und »Entführung« der Kronjuwelen über sich ergehen lassen. Erst nach mehr als zehn Wochen kam er wieder frei. Er konnte im Anschluss zwar Katharina von Alençon heiraten, doch war sein Verhältnis zum Burgunderherzog endgültig zerrüttet. Die Zukunft lag für ihn nicht mehr in Frankreich, 1415 räumte er endgültig das Feld.

Für Isabeau war der Aufstand ein regelrechter Schock. »Sie erfasste solche Wut, solche Angst und solch Greuel, dass sie in Todesgefahr schwebte und sehr krank wurde«, hieß es in der Chronik von Monstrelet.

Die Schreckensherrschaft der Cabochiens scheiterte nach kurzer Zeit, da weder die gemäßigten Kräfte der Pariser Bürgerschaft noch der Herzog von Burgund, dem die Ereignisse inzwischen entglitten waren, ein Interesse daran hatten, Chaos und Anarchie in der Stadt zuzulassen. Wahllose Verhaftungen, Zwangskontributionen und Hinrichtungen hatten einen Vorgeschmack darauf gegeben, was in einer »Diktatur der Schlachthöfe« noch alles drohte. Königshof und Burgunderherzog söhnten sich daher mit der Orléans-Partei aus, was das Ende der Herrschaft der Cabochiens bedeutete. Gemeinsam brachten Vertreter des Parlaments, der Stadt und der Universität ihren Friedenswillen am 4. August vor dem König zum Ausdruck. Der Thronfolger persönlich ritt unter Trompetenschall und Glockenklang an der Spitze eines städtischen Aufgebots durch die Stadt, um die politischen Gefangenen zu befreien. Ludwig der Bärtige wurde mit allen Ehren aus der Haft entlassen und durfte unter dem Jubel des Volkes an der Seite des Thronfolgers reiten.

Während nun die »Gegenrevolution« begann, die Anhänger der Orléans-Partei Zug um Zug nach Paris zurückkehrten und die Schalthebel der Macht besetzten, verließ Johann Ohnefurcht Ende August die unruhige Metropole und zog sich in sein Herzogtum zurück. Mit höchstem Misstrauen verfolgte er den Aufstieg Bernhards von Armagnac, der die führenden Pariser Rädelsführer verhaften ließ und damit den Aufstand der Cabochien beendete. Das Pendel des Schicksals schlug nun zurück: Alle Parteigänger Burgunds sahen sich heftigen Verfolgungsattacken ausgesetzt; der gerade wieder genese König befahl, einen Kriegszug gegen die burgundischen Städte zu führen.

Als wegweisende, wenn auch zu diesem Zeitpunkt nicht absehbare Weichenstellung sollte sich die Entscheidung Isabeaus erweisen, ihren jüngsten Sohn Karl, den Grafen von Ponthieu, mit Maria von Anjou zu verloben. Die Verbindung des erst zehnjährigen Königssohnes mit der Tochter Ludwigs von Anjou, des Königs von Neapel-Sizilien, und Yolandas von Aragón, beide seit Langem Anhänger der Orléans, schuf eine Brücke zur Partei der Armagnacs mit einer soliden gegen Burgund gerichteten territorialen Machtbasis, die nicht nur das Herzogtum von Anjou, sondern auch die Grafschaft Provence sowie – über spätere Erb- und Heiratsabsprachen – auch die Herzogtümer Bar-le-Duc und Lothringen umfasste. Den »Deal« fädelten die beiden Mütter der Heiratskandidaten persönlich während eines Aufenthaltes Yolandas am französischen Königshof ein. Die beiden Damen unterhielten sich offenbar prächtig in den Residenzen von Melun und Paris. Isabeau gab sich als großzügige Gastgeberin und verschenkte wertvolle Goldhumpen, Diamantringe, goldene Becher und Krüge an ihre Gäste. Der jugendliche Bräutigam zog nach der Verlobungszeremonie mit seiner zukünftigen Schwiegermutter und seiner Braut nach Angers, womit er allerdings dem Einfluss Isabeaus entzogen wurde. Während seine älteren Brüder Ludwig und Johann eng mit dem Hause Burgund verbunden waren – Ludwig über seine Frau Margarete von Burgund, Johann über die burgunderfreundliche Hennegauer Linie des Hauses Wittelsbach –, bildete seine Person ein Gegengewicht zu dessen überragendem Einfluss. Niemand konnte ahnen, dass Karl von Ponthieu dereinst als König Karl VII. den französischen Thron besteigen würde. Doch hier bahnte sich ein weiteres für Frankreich schicksalhaftes Konfliktfeld an.

DIE SCHLACHT VON AZINCOURT

Jenseits des Ärmelkanals beobachtete man die Spannungen am französischen Königshof mit besonderem Interesse. Nichts konnten die Könige aus dem Hause Lancaster besser gebrauchen als innere Wirren in Frankreich, die es ihnen ermöglichten, die eigene labile Position durch außenpolitische Erfolge zu festigen. Seit 1413 saß der schwungvolle, 25-jährige König Heinrich V. auf dem englischen Thron, der nicht weniger wollte, als den Thron Frankreichs zu besteigen, und der dafür bereit war, alles auf die militärische Karte zu setzen. Am 14. August 1415 überquerte er mit einer gewaltigen Armee von geschätzten 10.000 Mann auf über 800 Schiffen den Ärmelkanal und landete mit seinen Truppen in der Seine-Mündung bei Harfleur in der Normandie. Wochenlang belagerte er die Hafenstadt, bis sie im September endlich fiel. Danach ließ die fortgeschrittene Jahreszeit keine größeren militärischen Aktionen mehr zu, weswegen er versuchte, sein durch die Ruhr geschwächtes Heer nach Calais zurückzuziehen.

Johann Ohnefurcht wartete indes ab. Er unterstützte weder Heinrich V. noch mit Entschlossenheit seinen eigenen König Karl VI. Als das in aller Eile zusammengezogene französische Heer die feindlichen Truppen während ihres Rückmarsches nach Calais am 25. Oktober in der Ebene von Azincourt nordwestlich von Hesdin zur Entscheidungsschlacht stellte, war er nicht mit von der Partie, und das von ihm geschickte Truppenkontingent traf mit Absicht zu spät am Ort des Geschehens ein. Die Armee des Königs, geführt vom Konnetabel (Oberbefehlshaber) Karl von Albret und weitgehend bestückt mit Parteigängern der Armagnacs, verhielt sich trotz seiner zahlenmäßigen Überlegenheit taktisch unklug. Die durch Dauerregen aufgeweichten schweren Ackerböden eigneten sich nicht für eine große Ritterschlacht zu Pferde. Die Hufe blieben im Schlamm stecken, während die englischen Langbogenschützen die schwer gepanzerten französischen Ritter reihenweise von ihren Schlachtrössern holten. Die Verluste unter den Franzosen waren enorm, nicht zuletzt weil Heinrich V. angeordnet hatte, keine Gefangene zu machen. Auf dem Schlachtfeld blieben unter anderen zwei Brüder Johann Ohnefurchts, Herzog Anton von Brabant und Graf Philipp von Nevers, die Herzöge von Alençon und von Bar sowie der Konnetabel Karl von Albret. Karl von Orléans geriet in eine 25 Jahre währende englische Gefangenschaft, während derer er – politisch kaltgestellt – sich einen Namen als Dichter machen sollte.

Die Niederlage bedeutete für Frankreich eine schwere Katastrophe, auch wenn Heinrich V. kurz darauf in sein Königreich zurückkehrte. In Paris tobte das Chaos. Isabeau lag krank darnieder, ebenso der Thronfolger Ludwig. Nur wenige Monate nach der Niederlage der französischen Armee erlag der Dauphin seiner schweren Grippeerkrankung und verstarb am 18. Dezember 1415. Zum neuen starken Mann stieg nun Bernhard von Armagnac auf, der einzige überlebende Anhänger der Orléans-Partei von Gewicht. Der Hof berief ihn zum neuen Konnetabel und Generalgouverneur des Königreiches, was es ihm ermöglichte, ein fast schon diktatorisches Regiment zu errichten. Wegen der völlig desaströsen Finanzlage erhöhte er die Steuern drastisch, wütete hart gegen die Anhänger Burgunds, sprach Verhaftungen und Todesurteile aus und riss den Zentralschlachthof als Versammlungsort der Metzgerzunft ab. Er gebärdete sich umso unmäßiger, als er annahm, der neue Thronfolger Johann, verheiratet mit Jakobäa von Hennegau-Holland, sei ein Parteigänger Burgunds.

Doch Bernhard musste nicht allzu lange bangen, denn auch diesem Sohn Isabeaus, der von seiner Residenz im Hennegau herbeieilte, war nur ein kurzes Leben beschieden. Noch vor seinem Einzug in Paris starb er im April 1417 an einer eitrigen Mittelohrentzündung, wenngleich die Gerüchteküche, die erneut der Herzog von Burgund schürte, lieber über Mord spekulierte. Wahlweise unterstellte die burgundische Propaganda mal dem Königshof, mal den Armagnacs Giftmorde an beiden Thronfolgern. Isabeau hatte nun alle ihre Söhne verloren – bis auf Karl, der allerdings unter dem Einfluss der Schwiegermutter Yolanda von Aragón stand und von den burgundischen Einmischungen ein für alle Mal genug hatte.

7 Selbstbehauptung in Zeiten der Not: Isabeau als Mäzenin

FÜRSTLICHE GABEN ZUM NEUEN JAHR

Trotz aller persönlicher Schicksalsschläge und trotz allen Elends, welches das Königreich heimsuchte, versuchte Isabeau, die Würde der Krone Frankreichs an ihrem Hof zu schützen und standesgemäß abzubilden. Repräsentation und Mäzenatentum nahmen in der Vorstellung der Zeit einen hohen Stellenwert ein. Nur ein glanzvoller Hof war auch ein machtvoller, dem es gelang, Vasallen und Gefolgsleute in genügender Zahl an sich zu binden und breite Akzeptanz zu erlangen. Die öffentlich inszenierte und demonstrativ zur Schau gestellte Verschwendungssucht, die sich im höfischen Festprogramm, in der großen Garderobe wie auch in einem großzügig angelegten Geschenkeaustausch ausdrückte, stellte dabei sicher, dass nur ein sehr kleiner Kreis hochrangiger Adliger dieses Spiel um die Macht mitspielen konnte – wobei jeder Beteiligte um Anerkennung, Ehre und Prestige wetteiferte und den anderen zu übertreffen suchte. Als mächtigster und freigebigster aller Verschwender musste sich natürlich der König erweisen, umso mehr, als ihm die luxuriösen Höfe von Burgund und Berry den Rang abzulaufen drohten.

In den relativ friedlichen Jahrzehnten zwischen 1390 und 1410 schwang sich die höfische Kultur in Westeuropa, angeregt durch die »Konkurrenzsituation« in Frankreich und den burgundischen Ländern, zu einer ungeahnten Blüte auf. Goldschmiede, Maler, Teppichwirker, Sticker und Buchmaler, aber auch Sänger und Dichter fanden willige Auftraggeber – nicht zuletzt am Pariser Königshof, wo sich neben dem König auch Isabeau als Mäzenin der schönen Künste betätigte. Eine gute Gelegenheit, um über kostbare Geschenke Wertschätzung und Anerkennung gegenüber Familienmitgliedern und Gefolgsleuten zum Ausdruck zu bringen, bot der Neujahrstag. Nirgendwo sonst in Europa wurde der Brauch der Neujahrsgabe so ausgiebig gepflegt wie an den französisch-burgundischen Höfen in der Zeit um 1400. Dabei handelte es sich nicht nur um »Gewohnheitsgaben« an einen kleinen Kreis von Familienangehörigen, sondern um eine Form der höfischen Kommunikation, die Bindungen und Loyalitäten schuf oder festigte und dem Beschenkten wie dem Schenker »zur Ehre gereichte«. Freigiebigkeit galt als die vornehmste ritterlich-höfische Tugend, wie der Dichter Wilhelm von Lorris in seinem »Rosenroman« anschaulich schilderte: »Sehr töricht ist ein hoher Herr, der knauserig ist. Ein hoher Herr kann kein Laster haben, das ihm so sehr schadet wie der Geiz; denn ein Geiziger kann keine Herrschaft erwerben noch weites Land, denn er hat nicht genügend Freunde, die ihm zu Willen sind. Wer aber Freunde haben will, dem sei sein Gut nicht zu teuer; vielmehr erwerbe er sich Freunde durch schöne Geschenke.« Wer also nicht als knausrig dastehen wollte, tat gut daran, die Auftragsbücher der Handwerksmeister großzügig und rechtzeitig vor Neujahr zu füllen.

Ganz oben auf der Liste der Lieblingsgeschenke standen Schmuckstücke aller Art: Spangen, Ringe, Ketten, Kolliers und Agraffen als Mantelschließen, gerne reich verziert mit Edelsteinen und Perlen. Auch Tafelgeschirr aus Gold und Silber wechselte häufig den Besitzer: Während goldene Tafelschiffe den hochrangigsten Hofmitgliedern vorbehalten waren, ließen sich Humpen, Kelche, Krüge, Schüsseln, Näpfe, Löffel, Gabeln und Tranchierplatten auch an sozial weiter unten stehende Höflinge in feinen Abstufungen weitergeben. Nützliche Gegenstände wie Jagdtaschen, Sättel, Börsen, Tintenfässchen, Etuis und Kerzenhalter waren dabei ebenso gern gesehene Gaben wie Textilien, Kopfbedeckungen, Gürtel oder Bücher.

Die Überreichung der Neujahrsgeschenke folgte einem festen Zeremoniell: Der König thronte am Tag der Übergabe, in der Regel dem 1. Januar, prachtvoll gekleidet in seinem Gemach, in das die Abgesandten der Geschenkegeber nacheinander – streng geordnet nach dem Rang ihres Auftraggebers – eintraten, um die Präsente vor dem König fußfällig zu übergeben. Als erstes und schönstes Geschenk wurde das der Königin hereingetragen. Nach Empfang aller Geschenke entlohnte der König die Abgesandten ebenfalls ihrem Rang entsprechend und begab sich zur Messe. Ebenso verfuhr die Königin in ihren Gemächern: Auch sie schenkte und wurde beschenkt.

Für das Jahr 1392 ist überliefert, was Isabeau ihrer Umgebung an schönen Dingen zukommen ließ: Ihrem Gatten schenkte sie eine goldene Kollane, also eine prunkvolle Kette, mit 18 wertvollen Rubinen, 18 Diamanten und elf Perlen geschmückt, im Wert von fast 1.000 Francs. Ihrem Schwager und ihrer Schwägerin gab sie Diamantringe, ihrem Bruder Ludwig eine edelsteinbesetzte Agraffe, ebenso ihren Töchtern. Die Damen ihres Haushaltes und ihr Beichtvater erhielten Ringe und Pokale, sodass sie allein für dieses Jahr Ausgaben in Höhe von fast 2.800 Francs hatte, was eine sehr hohe Summe war. Je stärker sie in die Rolle der »Regentin« hineinwuchs, umso größer fielen in den folgenden Jahren ihre Geschenke aus. Doch diese Entwicklung trieb sie nicht allein voran; vielmehr brachte es die Rivalität unter den Hofparteien mit sich, dass alle am Geschenksystem Beteiligten ihre Aufwendungen für die Neujahrsgaben erhöhten.

DAS GOLDENE RÖSSL

Doch selten erreichte ein Geschenk eine solche Größenordnung wie dieses: Zu Neujahr 1405 (die königliche Kanzlei vollzog den Jahreswechsel in den Urkunden erst zu Ostern und notierte bis dahin noch das Jahr 1404) ließ Isabeau für ihren geliebten, kranken Gatten ein Geschenk anfertigen, das zu den erlesensten Werken der Pariser Goldschmiedekunst zu zählen ist: das heute in der Schatzkammer der Heiligen Kapelle von Altötting aufbewahrte »Goldene Rössl«, das eine etwas ausführlichere Beschreibung verdient. Dieses Meisterwerk der Goldschmiede- und Emailkunst zeigt die Gottesmutter mit dem Jesuskind, vor einer mit Blättern und kleinen weißen Blüten gezierten Laube sitzend, in Gesellschaft dreier heiliger Kinder: Katharina von Alexandrien, Johannes der Täufer und Johannes der Evangelist haben sich vor ihr auf grünem Wiesengrund auf blauen Kissen niedergelassen. Über der Madonna schweben zwei Engel, die sie mit einer edelsteinverzierten Krone bekrönen. Die kleine Katharina nimmt mit ausgestreckter Hand einen Ring entgegen,

der ihr vom Jesuskind zum Zeichen ihrer mystischen Verlobung gereicht wird. Links vor der idyllischen Szene kniet auf einer von vier Säulen getragenen Plattform auf goldenem Kissen, die Hände zum Gebet gefaltet, König Karl VI. in einem blauen, von goldenen Lilien übersäten Waffenrock. Vor ihm steht ein Betpult mit aufgeschlagenem Stundenbuch, seitlich hinter ihm wartet ein Tigerhund als Wappentier auf ihn. Auf dem Kopf trägt der König einen üppigen Blütenkranz. Auf der rechten Seite kniet ein vornehmer Gefolgsmann in Rüstung, der den Prunkhelm des Königs mit einer heraldischen Lilie in Händen hält. Zwei schwungvolle Treppen führen hinab zu einem flachen, von kurzen Säulen getragenen Gewölbe, vor dem ein Reitknecht den lebhaft wiehernden Schimmel des Königs beaufsichtigt. Das Pferd trägt goldenes Zaumzeug.

Bildprogramm wie Ausführung der Skulpturengruppe sind einzigartig. Über und über ist das Kunstwerk mit außergewöhnlich großen und schönen Rubinen, Saphiren und Perlen geschmückt. Meisterhaft und mit großer Liebe zum Detail schmiedeten und trieben die namentlich nicht bekannten Hofkünstler die Figuren aus Gold und Silber und überzogen sie mit weißem, rotem, grünem und blauem Email. Die Technik des »email en ronde-bosse«, des vollständigen Überschmelzens plastischer Metallarbeiten, beherrschten sie dabei perfekt. Das Auftragen des weißen, opaken Emails und seine Kombination mit dem nicht minder schwer zu handhabenden blutroten »rouge cler« galten nicht nur als ästhetisch besonders ansprechend, sondern auch als technische Spitzenleistung. Die nicht zuletzt dank des weißen Emails mit seiner Andeutung grünlicher und dunkler Schatten gelungene lebendige Darstellung des Pferdes verlieh dem Kunstwerk seine Berühmtheit und seinen Namen »Goldenes Rössl«.

Das sog. »Goldene Rössl« gehört zu den eindrucksvollsten Arbeiten der Pariser Goldschmiede- und Emailkunst. Von Isabeau als Neujahrsgabe an ihren Mann in Auftrag gegeben, kam es über ihren Bruder Ludwig den Bärtigen als Pfandbesitz nach Bayern. Es befindet sich heute in der Schatzkammer der Heiligen Kapelle zu Altötting.

Der Glanz des Goldes und der Edelsteine mag zunächst blenden, doch offenbart sich in dem Kunstwerk auch die ganz persönliche Tragik des Königspaares, ausgelöst durch die Erkrankung Karls, denn das Bildprogramm nimmt darauf Bezug. Immer wieder war der König nach seinen psychotischen Anfällen zu prominenten Marienorten wie den Kathedralen von Chartres und Paris gewallfahrtet, um die Gottesmutter um Heilung zu bitten. Die 1393 geborene Tochter Marie wurde der Mutter Jesu geweiht und ins Kloster gegeben. So steht auch im Bildwerk die gütige, das Jesuskind auf dem Arm haltende und sich den Figuren vor ihr zuneigende Maria im Mittelpunkt des Geschehens. Sie erscheint dabei weniger als Himmelskönigin, denn als mütterliche Gestalt mit großer Körperlichkeit und weitem Mantel. Sie wird in ihrer Rolle als Fürbitterin bei Gott angerufen. Der vom Pferd abgestiegene Karl VI. betet inniglich zu ihr. Ganz außergewöhnlich für die Darstellung eines betenden Königs trägt er keinen Mantel oder modische Kleider, sondern eine Rüstung mit Wappenrock, die ihn als Ritter und Kämpfer auszeichnet. Alle Attribute, die ihm zugeordnet werden können – der Schimmel mit dem goldenen Zaumzeug, der liliengezierte Helm, den sein Begleiter hält, der Tigerhund als Emblem –, weisen ihn als ritterlichen Helden und gesalbten König aus. Die drei vor Maria sitzenden heiligen Kinder sind als seine Fürsprecher zu deuten: Katharina, Johannes der Täufer und Johannes der Evangelist stehen dabei Pate für die Namen der zu diesem Zeitpunkt zuletzt geborenen Kinder des Königspaares. Auch sie flehen symbolisch um Genesung für ihren erkrankten Vater. Katharina von Alexandrien galt überdies als Schutzheilige der Kranken. Ihren Namen trugen viele Hospitäler.

Karls Gesichtszüge, aber auch jene des an seiner Seite knienden Begleiters tragen auffallend individuelle Züge. Für einen Knappen ist der Helmträger zu alt. Möglich, dass er eine konkrete Person aus Karls Gefolge darstellt, der sich besonders um den kranken König bemühte. Der starre, unscharfe Blick des Königs wiederum weist auf seine geistige Abwesenheit hin. Den Anteil, den Reitknecht und Pferd im unteren Teil der Gesamtkomposition beanspruchen, könnte darauf schließen lassen, dass es auch für diese Figuren konkrete Entsprechungen gab. Zeigt das Kunstwerk womöglich die reale Situation einer Wallfahrt? Jedenfalls hat es einen sehr privaten Charakter.

So erscheint das »Goldene Rössl« als flehentlicher Versuch der Königin, die Genesung des Königs durch himmlischen Beistand herabzubitten. Nichts wünschte sich Isabeau mehr, als ihren Gatten gesund und unversehrt, ritterlich und jugendlich-schön zu sehen, so wie im Bildwerk dargestellt. Vielleicht konnte Karl das wunderbare Präsent an Neujahr 1405 sogar selbst entgegennehmen, denn für diesen Zeitraum ist keine »Abwesenheit« in den Quellen überliefert. Das Paar hielt sich gemeinsam im Hôtel de Saint-Pol auf, was ein persönliches Erscheinen des Königs zu Neujahr möglich erscheinen lässt. Ein kurzer Moment des Glücks in einer dunklen Zeit – vielleicht.

Noch im selben Jahr, in dem Isabeau das kostbare Kleinod ihrem Ehemann als Neujahrsgabe zukommen ließ, wurde es an ihren Bruder Ludwig als Sicherheit für ausstehende Jahrespensionen verpfändet. Von der französischen Krone nie ausgelöst, gelangte es nach Bayern, als ihr Bruder Frankreich endgültig verließ. Er stiftete das wertvolle Kunstwerk zunächst der Kirche Unserer Lieben Frau in Ingolstadt, die er sich zur Grablege erkoren hatte. Doch da der streitbare Bayernherzog in Gefangenschaft seiner Verwandten auf Schloss Burghausen starb, ging es nach seinem Tod 1447 in den Besitz Herzog Heinrichs von Bayern-Landshut, später in den der Münchner Linie über. Bis 1509 wurde das »Goldene Rössl« in der Residenz Burghausen verwahrt, doch dann wurde es dem Stift Altötting übereignet, um Kriegsschulden aus dem Landshuter Erbfolgekrieg zu begleichen. Glücklicherweise wurde es während der Säkularisation nicht eingeschmolzen, wie zunächst vorgesehen. So blieb es als einziger der französischen Kronschätze erhalten.

Mit ihrer prächtigen Neujahrsgabe bewies die Königin der Aristokratie des Landes einmal mehr, dass selbst zu Krisenzeiten, in denen der König durch seine geistige Umnachtung immer häufiger für den Regierungsbetrieb ausfiel, er dennoch die zentrale Figur bei Hofe blieb. Ihm stand die oberste Herrschergewalt über das Königreich zu und damit auch die höchste

Ehrerbietung – ausgedrückt im wertvollsten Geschenk. Es war nicht persönliche Verschwendungssucht, die Isabeau zu solch aufwändigen Prestigeobjekten trieb, wie ihr übellaunige Zeitgenossen unterstellten, sondern eine Folge des höfischen Zeremoniells. Wie eine detailreiche wissenschaftliche Untersuchung zum höfischen Geschenkeverkehr in der Zeit König Karls VI. bewies, stand sie selbst weder als Schenkende noch als Beschenkte jemals an der Spitzenposition. Es war vielmehr Philipp der Kühne von Burgund, der die mit Abstand meisten und teuersten Neujahrsgeschenke vergab; erst weit dahinter folgten Ludwig von Orléans und Johann von Berry. Auf der Empfängerseite stand der kunstsinnige Herzog von Berry ganz oben auf der Liste der Geehrten, der sich offenbar höchster Wertschätzung seiner Brüder und Neffen erfreute.

PRESTIGEOBJEKTE FÜR DEN ALLTAG

Neben Goldschmieden und Emailkünstlern beschäftigte die Königin auch Maler, zu denen einige deutsche Landsleute wie Haincelin de Haguenot oder Hermann de Couloigne zählten. Diese waren nicht nur für die Herstellung von Tafelbildern zuständig, sondern lieferten auch Vorlagen für Tapisserien und führten Buchmalereien aus. Zu den bevorzugten Ausstattungsstücken königlicher Residenzen und Kapellen gehörten gewirkte und bestickte Wandbehänge, die – sofern sie nicht in Kirchenräumen hingen – häufig profane Themen wie Motive aus Ritterromanen oder höfische Liebesszenen zum Inhalt hatten. Die Rechnungen der Königin verzeichneten immer wieder Ausgaben für die Anfertigung oder Ausbesserung von Teppichen und Wandbehängen. In Arras, dem unbestrittenen Zentrum der Bildwirkerei, bestellte sie sechs Teppiche mit Szenen aus dem höfischen Alltag, junge Damen und Herren, die angelten oder sich anderweitig vergnügten. Ein anderer von ihr in Auftrag gegebener Gobelin in Rot und Grün zeigte eine harfespielende Dame, umgeben von fünf stickenden Kindern. 1410 schenkte Isabeau dem Kloster Saint-Denis mehrere Teppiche für eine Kapellenausstattung, die das Leiden Christi zeigten und vom Sticker und königlichen Kammerdiener Jehan de Clarcy hergestellt worden waren.

Ein besonderes Faible besaß Isabeau aber für Bücher. Sie las mit Vorliebe Geschichten vom Heiligen Gral, von Lancelot am See, von Merlin, Artus und von Karl dem Großen. Sie kaufte und sammelte Bücher, gab selbst welche in Auftrag und ließ sie illuminieren. Ihren Kindern schenkte sie Stundenbücher zur frommen Erbauung. Die kostbaren Bücher verwahrte sie in verschließbaren Holzkoffern und schützte sie mit Buchhüllen und kostbaren Schließen. An die bibliophile Leidenschaft eines Johanns von Berry, dessen illuminierte Stundenbücher zu den qualitätvollsten Arbeiten der Zeit zählten, kam sie indes nicht heran.

In den Genuss von Isabeaus Mäzenatentum kamen auch Schöpfer der Literatur. Unter ihnen stach eine außergewöhnliche Frau, Christine de Pisan, hervor. Sie war die Tochter eines venezianischen Arztes, der am Hofe Karls V. als Leibarzt und Hofastrologe wirkte. Christine, die von Kindesbeinen an in Paris im Umfeld des Königshofes lebte, musste seit dem Tod ihres Vaters und ihres Gatten als junge Witwe von 25 Jahren und Mutter von drei Kindern den Lebensunterhalt für sich und ihre Familie allein verdienen. Die von ihrem Vater sorgfältig erzogene, überraschend gebildete junge Frau, von Schulden gepeinigt und von Gläubigern belagert, griff zur Feder, kopierte zunächst Werke, begann dann aber, völlig unüblich für eine Frau ihrer Zeit, selbst zu schreiben – mit großem Erfolg. Sie verfasste Gedichte, Balladen, autobiografische Werke und Prosaschriften. Vor allem aber verteidigte sie die Ehre der Frauen und kämpfte um deren Anerkennung in einer männerdominierten Welt. Sie selbst hatte immer wieder demütigende Situationen als mittellose Witwe vor Gericht im Streit mit ihren männlichen Gläubigern und Schuldnern erleben müssen und begann nun, diese Missstände anzuprangern. Ihre Kontroverse um die frauenfeindlichen Äußerungen des »Rosenromans«, einer umfangreichen Dichtung des 13. Jahrhunderts, machte sie 1399 schlagartig berühmt. Sie nahm es mit ihren männlichen Widersachern, Theologen, Philosophen und Gelehrten auf und verteidigte ihre Position, dass Frauen den Männern intellektuell nicht unterlegen seien, es ermangele ihnen lediglich an Bildungsmöglichkeiten. In ihrem

»Buch von der Stadt der Frauen« (1405) beschrieb sie dann eine reine Frauengesellschaft, die unter der Führung der drei Tugenden Vernunft, Rechtschaffenheit und Gerechtigkeit lebt. Anhand biblischer und weltlicher Frauenbeispiele zeigte sie auf, zu welchen Leistungen Frauen fähig waren, und ermutigte ihre Leserinnen, nach eigener Vervollkommnung durch Lektüre und Bildung zu streben. Kurz darauf präzisierte sie in ihrem »Schatz der Stadt der Frauen« (auch: »Das Buch der drei Tugenden«) durch konkrete Anleitungen, wie Frauen unterschiedlichster Stände ein tugendsames Leben führen und sich in ihrer männlichen Umwelt behaupten könnten.

Frauen im Bild – Das Widmungsbild in Christine de Pisans Gesammelten Werken

Christine de Pisan bemühte sich um die Gunst großer Mäzene, wie der Herzöge von Berry, Orléans und Burgund, um den Unterhalt für ihre Familie zu verdienen. Spätestens seit 1402 stand sie auch in Kontakt zu Isabeau, der sie mehrere Schriften widmete, für die sie im Gegenzug kostbare Geschenke erhielt. Um 1411/12 gab die Dichterin auf Anregung Isabeaus eine Prunkausgabe ihrer gesammelten Werke in Auftrag, die 398 Pergamentblätter umfasste und mit 130 Miniaturen geschmückt war. Sie liegt heute in der British Library in London (Harley MS 4431).

Besonders aufschlussreich ist das Widmungsbild, in dem Isabeau und die Schriftstellerin gemeinsam zu sehen sind (siehe Rückseite dieser Biografie): Die Königin sieht man hier in einer pelzgefütterten roten Robe und mit perlenbesticktem Kopfputz auf einem roten Diwan in einem ihrer privaten Gemächer sitzen. Neben ihr auf dem Sofa ruht ein kleines weißes Schoßhündchen. Ihre ebenfalls modisch chic gekleideten Hofdamen haben neben ihr auf Kissen und auf dem Boden Platz genommen, während die Schriftstellerin in schlichterer Aufmachung vor der Königin kniet, um ihr das schwere, rot eingebundene Buch mit ihren Werken zu überreichen. Die Miniatur gewährt

einen detailreichen Blick in ein fürstliches Privatgemach, das zugleich Repräsentationszwecken diente: Ausgestattet ist der Raum mit blauen Wandbehängen, die abwechselnd mit französischen Lilien und bayerischen Rauten bestickt sind. Ein großes rotes Prunkbett mit Baldachin und Bettdecke, geschmückt mit schwarzen Wappenschilden mit Rauten und Lilien, vermittelt eine eher intime Atmosphäre, obwohl es von hohem Prestigewert ist. Den Boden zieren bunt gemusterte Teppiche, durch ein geöffnetes Fenster fällt das Licht. Die Dichterin, empfangen in halb-privatem Rahmen und als Figur in das halbkreisförmig angeordnete Hofgefolge integriert, wurde durch diese Darstellung gebührend erhöht, da die räumliche Nähe zur Herrscherin als Auszeichnung gewertet werden durfte.
Die Miniatur schuf ein namentlich unbekannter Künstler, der in den ersten beiden Jahrzehnten des 15. Jahrhunderts eines der großen Buchmalerei-Ateliers in Paris leitete. Da er für Christine mehrfach tätig wurde und Ausgaben ihrer »Stadt der Frauen« bebilderte, nannte man ihn »Meister der Cité des Dames«. Er hatte sich auf die Illustration weltlicher Themen spezialisiert. Ihm gelangen besonders überzeugende Raumdarstellungen wie diese.

Christine wies der Königin jedoch nicht nur eine mäzenatische Rolle zu. Sie erwartete vielmehr, dass sie die Politik in die eigenen Hände nahm. In ihren Schriften forderte sie die Königin immer wieder auf, zwischen den Hofparteien zu vermitteln und einen Bürgerkrieg zu verhindern. Sie hielt Isabeau, deren Fähigkeiten und Talente sie stets rühmte, für fähig, dem Königreich Frieden zu verschaffen. In der idealen »Stadt der Frauen« attestierte sie der »edlen französischen Königin und gegenwärtigen Herrscherin von Gottes Gnaden«, dass sie von »Grausamkeit, Gewalttätigkeit und Laster« frei und »voller Liebe und Wohlwollen für ihre Untertanen« sei. Dies befähige sie zur Lenkung des Königreiches. Das höfische Zeremoniell gab auch hier in gewisser Weise die Richtung vor: So wie die

Königin als erste Dame des Reiches im »Cour d'amour« – einer um 1400 vom Herzog von Burgund mit Zustimmung des Königs gegründeten literarischen Gesellschaft, die sich mit Themen der Minne auseinandersetzte – eine Schiedsrichterrolle einnahm, so sollte sie dies auch im praktisch-politischen Bereich tun. In dem mehr als 700 Mitglieder unterschiedlicher Stände umfassenden Minnehof, der in spielerischer Form Angelegenheiten der Dichtung und der höfischen Liebe aburteilte, entschied die Frau, respektive die Königin, über Sieger und Preise. Christine de Pisan forderte Isabeau auf, auch im Streit um den »Rosenroman« ein Urteil zu fällen.

Doch die Übertragung ritterlich-höfischer Wertschätzung der Frau auf die schnöde, von Krieg und Terror zerrissene Wirklichkeit fiel schwer. Daran konnte auch eine Dichterin dieses Formats nichts ändern. Das soziale Prestige, das Isabeau bei Hofe genoss, ließ sich nicht so einfach in konkrete Machtpolitik ummünzen. Selbst eine so außergewöhnliche Frau wie Christine zog sich nach 1418 aus der Öffentlichkeit zurück und legte die Feder angesichts der herrschenden Gewalt resigniert nieder, bis ihr das Auftreten Johannas von Orléans 1429 den Mut zu einer neuen Dichtung einflößte. Isabeau jedoch geriet immer stärker in den Sog der Politik.

8 Kontrollverlust: Die Königin im politischen und sozialen Abseits

KALTGESTELLT

Während der Schreckensherrschaft Bernhards von Armagnac geriet Isabeau zunehmend ins politische Abseits. Die meiste Zeit verbrachte sie in Vincennes außerhalb von Paris, gesundheitlich angeschlagen und von der Gicht geplagt. Dem finsteren Konnetabel, dem Isabeau nie sonderlich zugetan war, gelang es unterdessen, den kranken König Karl VI. für seine Ziele zu instrumentalisieren und die Königin als Machtfaktor auszuschalten. Gerüchte über den ausschweifenden Lebensstil an ihrem Hofe führten schließlich im April 1417 zur Verhaftung ihres Haushofmeisters und Befehlshabers der Leibgarde, Ludwig von Bosredon, der nach einem kurzen Scheinprozess wegen unehrenhaften Verhaltens dem König gegenüber zum Tod verurteilt wurde. In einem Sack mit der Aufschrift »Platz für die Justiz des Königs« ertränkte man ihn ohne reguläres Gerichtsverfahren in der Seine. In den Pariser Gassen munkelte man von Ehebruch und Sexorgien in geheimen Kabinetten unter den engsten Hofdamen Isabeaus.

Mit der »Affäre Bosredon« war die Königin moralisch kompromittiert und zugleich ihres militärischen Schutzes beraubt. Tatenlos musste sie hinnehmen, dass ihr der königliche Gatte den Hofstaat entzog, ihre Einnahmen und Zuwendungen kürzte und sie nach Blois abschob. Mit dieser Intrige verdrängte man sie von den Schalthebeln der Macht. An ihren neuen Wohnorten in Blois und wenig später in Tours unterwarf man sie einer strengen Bewachung. Bernhard von Armagnac plünderte inzwischen die geheimen Gelddepots der Königin, die diese in Residenzen, Klöstern und Stiften eingerichtet hatte, in der Hoffnung, sie dort sicher verwahrt zu wissen. Doch Bestechung und Verrat lieferten sie den Kriegskassen der Armagnacs aus.

Diese Vorgänge warfen unwillkürlich die Frage auf, welches Verhältnis Isabeau zu ihrem letzten überlebenden Sohn pflegte. War Karl das »schwarze Schaf« der Familie, das ungeliebte, von der Mutter verstoßene Kind – oder gar ein Bastard, wie manche üblen Zeitgenossen vermuteten? Es gibt keine Hinweise darauf, dass Isabeau den Jungen nicht genauso geliebt haben sollte wie ihre anderen Kinder. Das Problem bestand eher in umgekehrter Richtung: Die Politik brachte die Familie auseinander. Als Karl mit Maria von Anjou verlobt wurde, musste er die Obhut seiner Mutter mit kaum elf Jahren verlassen. Er lebte fortan in Angers und in der Provence unter der Aufsicht der Schwiegermutter Yolanda von Aragón. Isabeau konnte sich nur noch von Mittelsleuten über die Erziehung ihres Sohnes, der erst 1416 wieder nach Paris zurückkehrte, informieren lassen. Doch die Armagnac-Partei tat alles, um Karl auch danach noch von seiner Mutter fernzuhalten. Bernhard von Armagnac erlaubte es Isabeau nicht, den Thronfolger an ihren streng bewachten Aufenthaltsorten zu empfangen. So entfremdeten sich Mutter und Sohn immer mehr. Da die Häuser Anjou und Burgund schon seit Jahren wegen einer geplatzten Verlobung im Streit lagen, war auch keine Besserung in Sicht. Die Politik spaltete nicht nur das Land, sondern auch die Familie. Mutter und Sohn standen an getrennten Ufern. »Der Krieg drang in die Familien ein, stellte den Onkel gegen den Neffen, den Vater gegen den Sohn«, hieß es in einer anonymen Chronik.

SCHULTERSCHLUSS MIT BURGUND

Von allen verlassen, suchte Isabeau einen Weg zur Rückkehr an die Macht. Sie fand ihn in einem neuerlichen Parteienwechsel hin zu Burgund. Es gelang ihr, Kontakt zu Johann Ohnefurcht aufzunehmen und mit ihm einen geschickten Fluchtplan zu entwickeln. Während sie an Allerseelen 1417 die Messe im Kloster Marmoutier bei Blois besuchte, umstellten Gefolgsleute des Burgunderherzogs die Kirche, überrumpelten die Bewacher Isabeaus und »befreiten« die Königin. An der Seite Johanns zog sie anschließend über Tours nach Chartres, wo sie sich huldigen ließ und ihre ersten »Amtshandlungen« ausführte. Der Schutz der burgundischen Truppen ermöglichte ihr dies. So schaffte sie die ungeliebte Kriegssteuer ab und forderte die Städte des

Königreiches auf, sie zu unterstützen. Der König und der Thronfolger, so ihr Argument, seien nicht frei handlungsfähig. Ihr Siegel brachte ihren Anspruch deutlich zum Ausdruck: »Ysabel, von Gottes Gnaden Königin von Frankreich, durch den unwiderruflichen Auftrag unseres Herrn und seines großen Rates besitzen wir die Regierung und Verwaltung dieses Königreiches anstelle unseres Herrn, des Königs.«

Die Reaktion aus Paris ließ nicht lange auf sich warten und machte den noch minderjährigen, gerade erst 14-jährigen Karl zum Generalstatthalter des Königreiches, wodurch der Königin alle Herrschaftsrechte verloren gingen. Doch Isabeau ignorierte diese Entscheidungen und setzte entschlossen alles auf eine Karte. In ihrer neuen Residenz Troyes, die sie im Dezember 1417 erreichte, richtete sie eine regelrechte Gegenregierung ein mit eigener Finanzabteilung, Kanzlei und Gericht. Johann Ohnefurcht gewährte sie einen Kredit über 200.000 Francs, ernannte ihn zum Gouverneur des Königreiches und übertrug ihm das Münzprägerecht in wichtigen Städten. Damit machte sie ihn auch formell zum »starken Mann« der neuen Regierung. Am 16. Februar 1418 ging sie noch einen Schritt weiter und erklärte alle Verwaltungseinrichtungen in Paris für ungültig: Parlament, Rechnungskammer, Schatzkammer und Münze wurden aufgelöst und nach Troyes übertragen. Damit wagte die Königin den endgültigen Bruch mit ihrem Sohn und der ihn unterstützenden Partei der Armagnacs. Entschlossen ging Isabeau in diesen bewegten Monaten an die Arbeit: Unermüdlich verfasste sie Briefe, empfing Gesandtschaften, kümmerte sich um Ämterbesetzungen und um Streitschlichtung. Doch das Chaos konnte sie damit nicht verhindern: Söldnertruppen beider Seiten plünderten das Land.

Ein weiterer Schritt in Richtung Machtgewinn gelang der burgundischen Seite mit der Eroberung von Paris. In der Nacht vom 29. auf den 30. Mai 1418 fiel die Hauptstadt des Landes durch einen schnöden Verrat den Truppen Johann Ohnefurchts in die Hände. Der Sohn eines Schmiedeisenhändlers hatte die von seinem Vater bewachten Torschlüssel eines Stadttores an sich gebracht und den burgundischen Rittern den Weg in die Stadt geebnet. Die Pariser hatten genug von der Gewaltherrschaft des Konnetabel und begrüßten mehrheitlich den Machtwechsel. Doch zunächst versank die Stadt erneut im Gemetzel. Unerbittlich wurden die Anhänger der Armagnacs niedergemacht, der Thronfolger selbst konnte nur mit knapper Not den Häschern entfliehen. Über 2000 Menschen wurden in den folgenden Tagen umgebracht, Bernhard von Armagnac am 12. Juni hingerichtet.

Der beispiellose Gewaltausbruch brachte Paris an den Rand des wirtschaftlichen Ruins. Viele Vermögenswerte, Werkstätten und Häuser waren zerstört, die italienischen Bankhäuser schlossen ihre Filialen wegen der unsicheren Lage in der Metropole. Als Isabeau und Johann Ohnefurcht am 14. Juli mit großem Gefolge in Paris einzogen und von König Karl VI. und der Bevölkerung freudig begrüßt wurden, hatte die Spaltung des Landes noch zugenommen – ebenso wie die der Familie: Der Thronfolger residierte in Bourges und weigerte sich hartnäckig, zu seinen Eltern an den Pariser Königshof zu kommen.

DER DRITTE MACHTFAKTOR: ENGLAND

Die inneren Wirren seines Gegners nutzend, setzte der englische König Heinrich V. im Sommer 1417 zu einem erneuten Angriff auf Frankreich an. Zug um Zug gelang es ihm, die Normandie zu erobern und die wichtige Stadt Rouen zu belagern. Paralysiert von seinen eigenen Fehden zeigte sich der französische Adel unfähig, dieser Gefahr effektiv zu begegnen. Die Belagerung Rouens endete für die Zivilbevölkerung in einer Katastrophe: Um »überflüssige« Esser – Frauen, Kinder, Alte – nicht ernähren zu müssen, verfügte der Rat der Stadt deren Ausweisung. Tausende von Menschen landeten vor den Stadttoren und damit direkt vor den feindlichen Linien. Unbarmherzig ließ sie Heinrich V. in Kälte und Nässe stehen, verwehrte ihnen den Durchgang und sah ihren Hungertod tatenlos mit an. Die völlig demoralisierte Stadt ergab sich im Januar 1419. Für die Bevölkerung wuchs sich der Krieg zum Albtraum aus: Marodierende Truppen der Bürgerkriegsparteien, die das Land tyrannisierten, dazu der Vormarsch der Engländer, begleitet von

Missernten, Teuerungen und Hungersnöten, ergaben eine fast schon apokalyptische Stimmung. »Mit dem Königreich Frankreich wurde es schlimmer und schlimmer und man konnte eher von einer Wüste als vom Lande Frankreich sprechen«, beschrieb ein Bürger aus Paris das Elend.

Im Sommer standen die englischen Truppen bereits vor Paris, der Hof flüchtete nach Provins. Im Grunde war Frankreich nun dreigeteilt: In der Normandie, der Picardie und in weiten Teilen der Guyenne standen die Engländer, die Burgunder beherrschten den Norden und Osten des Landes, und südlich der Loire, in Zentral- und Südfrankreich, lagen die Gebiete, die zum Kronprinzen hielten. Dass dieser Zustand unhaltbar war, sah jeder. Fieberhaft begannen sowohl die Burgunder als auch die Armagnacs, mit den Engländern zu verhandeln, allerdings stellte Heinrich V. so weitreichende Forderungen, dass die Gespräche immer wieder scheiterten. Umso stärker traten Bemühungen in den Vordergrund, mit dem Dauphin zu einer Übereinkunft zu kommen. Die Initiativen gingen nicht nur von Isabeau aus, sondern auch von ihrer Tochter Michelle, der Ehefrau Philipps des Guten, des Sohnes Johann Ohnefurchts. Doch der Familienzwist ließ sich nicht so einfach beilegen. Trotz erster persönlicher Gespräche war das Misstrauen zwischen dem 48-jährigen Burgunderherzog und seinem erst 16-jährigen Verwandten groß. Der junge Dauphin befürchtete, von seinem an Erfahrung und Alter weit überlegenen Großcousin übervorteilt zu werden. Dennoch vereinbarte man ein weiteres Treffen zwischen den beiden für den 10. September 1419 in Montereau, etwa 88 km südöstlich von Paris gelegen.

DAS ATTENTAT AUF JOHANN OHNEFURCHT

Mit äußerster Sorgfalt wurde die Unterredung vorbereitet. Auf der Brücke über den Fluss Yonne errichteten Emissäre eine neutrale, von Schranken abgegrenzte Zone, in der die Begegnung stattfinden sollte. Die Zugänge zu dieser Sicherheitszone waren überwacht und nur nach Personenkontrollen zu betreten. Obwohl die Vorsichtsmaßnahmen ausreichend erschienen, zögerte Johann von Burgund, zum vereinbarten Termin dorthin zu kommen. Er hatte böse Vorahnungen bezüglich der Begegnung, war auch von verschiedenen Seiten gewarnt worden, wollte sich aber dennoch einer Friedensübereinkunft mit dem Thronfolger nicht verweigern. So kam es zum Schicksalstag von 1419. Darüber, was sich genau auf der Brücke von Montereau abspielte, nachdem sie der Herzog und der Dauphin von getrennten Seiten aus mit wenigen Begleitern betreten hatten, gingen die Berichte und Deutungen hinterher weit auseinander. Es kam jedenfalls zu einem heftigen Wortwechsel zwischen beiden, ausgelöst durch das sehr selbstbewusste Auftreten Karls. Während der erregte Thronfolger aus dem abgesperrten Bereich gezerrt wurde, traf den Burgunderherzog ein heftiger Hieb mit einer Streitaxt an den Kopf. Blutüberströmt stürzte er zu Boden und starb. Juvénal des Ursins schilderte die Szene mit den Worten: »Da nahm (...) Messire Tanguy Monseigneur le Dauphin in seine Arme und schaffte ihn über die Eingangsschwelle der Einfriedung hinaus. Dann schlugen einige auf den Herzog von Burgund und den Sire de Novailles ein, worauf beide ihr Leben aushauchten.« Doch wer genau als Erster zuschlug und wie es dem Mörder überhaupt möglich gewesen war, eine Streitaxt in die Sicherheitszone zu schmuggeln, blieb ungeklärt.

Hatte es sich um ein geplantes Attentat gehandelt oder war es eine Tat im Affekt gewesen? Hatte Karl VII. von dem Anschlag gewusst und ihn gebilligt? Wollten treue Orléanisten den Mord an Karls VI. Bruder Ludwig rächen und nutzten dazu die günstige Gelegenheit auf der Brücke von Montereau, ohne den Kronprinzen zu informieren? Wollte Yolanda von Aragón ihrem Zögling endgültig den Thron verschaffen und alle Verbindungen zu seinen burgunderfreundlichen Eltern kappen? Vollständig klären ließ sich das Komplott nie. Für eine geplante Tat sprach, dass Johann Ohnefurcht nicht nur der Schädel gespalten, sondern auch die rechte Hand abgehackt worden war, so wie es seinerzeit auch bei Ludwig geschehen war. Auffällig war jedoch, dass Karl die Mörder deckte, alle seine Begleiter in Dienst behielt und gegen keinen einen Prozess anstrengte. Vielmehr bemühte er sich, die Tat als Notwehr erscheinen zu lassen, da er von den Leuten des Burgunderherzogs attackiert

Johann Ohnefurcht, Herzog von Burgund. – Gemälde eines anonymen Künstlers, Mitte des 15. Jahrhunderts

worden sei, wie er in einem Brief an diverse Städte verlautbaren ließ: »Burgund antwortete uns mit tollen Reden und zückte seinen Degen, um uns mit Macht zu zwingen (...) Davor wurden wir dank der göttlichen Gnade und des guten Beistands unserer treuen Diener verschont, und er selbst ließ aufgrund seiner Tollheit auf der Stelle sein Leben.«

Die Bluttat stürzte Frankreich erneut in eine tiefe Krise. Der fähigste Politiker des Königreiches und einzige Mann, der den Engländern militärisch hätte die Stirn bieten können, war tot. »Wir haben den Prinzen des Jahrhunderts verloren«, klagten Vertreter der Universität Paris. Der Mord bedeutete vor allem auch den endgültigen Bruch zwischen dem Königspaar und seinem Sohn, der sich vor aller Öffentlichkeit zutiefst bloßgestellt hatte. Der Vorfall trieb Isabeau an der Seite Philipps des Guten, des Sohns und Nachfolgers Johann Ohnefurchts, direkt in die Arme Heinrichs V.

EIN FOLGENSCHWERER VERTRAG

Verwirrung, Furcht und unkontrollierbare Wut herrschten in der Bevölkerung: »Als es die Nachricht von der grausamen Ermordung des Herzogs von Burgund erhielt, ward das Pariser Volk von einer Art besessenen Raserei ergriffen, und es machte sich bereit, diesen Anschlag zu rächen«, beschrieb die Chronik von Saint-Denis die Stimmung in der Hauptstadt. Die Fronten waren verhärtet, es drohten neue Auseinandersetzungen zwischen den Bürgerkriegsparteien. Versuche Isabeaus, den diplomatischen Kontakt zu ihrem in Bourges residierenden Sohn aufrechtzuerhalten, um einen Ausgleich herbeizuführen, scheiterten schnell. Nicht nur, dass die Witwe Johann Ohnefurchts eine Wittelsbacherin aus dem Zweig Hennegau-Holland war und damit verwandtschaftliche Bande zur Sühne des Mordes an ihrem Mann geltend machen konnte – die desaströse Finanzlage des Königshofes zwang Isabeau mehr und mehr in die Abhängigkeit von burgundischem Geld und burgundischen Truppen. Ohne die Anleihen aus dem Hause Burgund hätte der Königshof, der inzwischen wieder in Troyes residierte, seine Soldzahlungen nicht erfüllen können.

Da Philipp der Gute überdies neue Verhandlungen mit dem englischen König einleitete und dabei vor allem den Schutz seiner eigenen Gebiete im Auge behielt, besaß Isabeau kaum eigene Handlungsspielräume. Sie war ganz auf die politischen Initiativen des Burgunderherzogs angewiesen. Dies ging zu Lasten ihres Sohnes, von dem sie sich endgültig lossagen musste. Burgundischer Druck führte die Feder in offiziellen Verlautbarungen des Kronrates, die den Thronfolger nun als »verderbt« und der Krone unwürdig darstellten und ihn als »Majestätsverbrecher«, »Zerstörer und Feind des Volkswohles« sowie als »Überschreiter der Gesetze Moses« bezeichneten.

Andererseits zeitigte das burgundische Vorgehen auch seine Erfolge: Philipp der Gute erzielte eine Übereinkunft mit Heinrich V., die den lang anhaltenden Krieg zwischen England und Frankreich beenden half. Auf Grund seiner Vorarbeiten kam es im Frühjahr 1420 zum Abschluss eines folgenschweren Vertrages zwischen dem französischen Königspaar und dem König von England, der die Beendigung des Konfliktes nach den Regeln des dynastischen Ausgleichs vorsah: Heinrich V. sollte die Hand der jüngsten französischen Königstochter, Katharina, erhalten und anschließend als Erbe und Regent des kranken Schwiegervaters Frankreich regieren. Bis zum Ableben Karls VI. sollte das französische Königspaar offiziell alle Rechte und Würden und auch alle Einkünfte beibehalten. Erst dann würde die Krone Frankreichs endgültig Heinrich V. und seinen Nachkommen zufallen. Mit dieser Regelung wurde eine Doppelmonarchie geschaffen, in der jedes Königreich seine eigenen Institutionen und Gewohnheitsrechte beibehielt. Es handelte sich also nicht um eine »Vereinigung« der beiden Königreiche, sondern lediglich um eine Personalunion, geführt von Heinrich V. von England, der gleichzeitig im Range eines Herzogs der Normandie bestätigt wurde. Im Gegenzug wurden alle Kriegshandlungen eingestellt und die wirtschaftlichen Beziehungen wiederaufgenommen: »Von nun ab werden für immer Zwist, Hass, Groll, Feindschaft und Krieg zwischen beiden Königreichen von Frankreich und England schweigen«, hieß es in Artikel 25 des Vertragswerkes, und »für alle Zeit fortwährend Frieden, Ruhe, Eintracht und gegenseitige Zuneigung« herrschen. Gegen dieses Ziel ließ sich nichts einwenden! Mit großem Gefolge traf der englische König am 20. Mai in Troyes ein, um seine Braut und seine neuen Schwiegereltern zu begrüßen und am folgenden Tag in der Kathedrale von Troyes feierlich das Abkommen zu beschwören.

Der Vertrag von Troyes wurde in der Geschichtsschreibung gerne als Ausverkauf der französischen Interessen gelesen und Isabeau, der landfremden Königin, als »Verrat« an ihrem Königreich angelastet. Doch dieser Vorwurf erscheint ungerecht angesichts der Tatsache, dass zum einen der Herzog von Burgund das Abkommen ausgehandelt hatte und zum anderen die Leiden des Volkes den Friedensschluss rechtfertigten. Dem Vertragswerk stimmten zudem das Pariser Parlament, Vertreter der Universität und der Pariser Bürgerschaft, der große Rat sowie die Abgesandten wichtiger Städte zu; dies war also keinesfalls eine einsame Entscheidung Isabeaus. Zumindest in Paris und den burgundisch gesonnenen Landesteilen wurde der Vertrag einhellig begrüßt. Doch verletzte er andererseits eklatant die Rechte des Thronfolgers, der einfach enterbt und politisch aus dem Spiel genommen wurde.

Da die armagnacische Seite zu keinem Zeitpunkt an den Verhandlungen beteiligt war, ging der Bürgerkrieg unvermindert weiter und drohte an Heftigkeit sogar noch zuzunehmen. Denn Philipp von Burgund hatte mit Heinrich V. Unterstützung bei der Verfolgung der Mörder seines Vaters ausgehandelt.

FESTTAGSFREUDEN INMITTEN DES CHAOS

In aller Eile organisierte man die Hochzeit zwischen der 18-jährigen Katharina und dem 32-jährigen englischen König. Trotz der Finanznot orderte der Königshof in Genf Seidenstoffe für die große Garderobe der Damen. Isabeau erschien in einer festlichen Robe in Gold und Himmelblau. Fanfaren und Trompetenklang erfüllten Troyes, als am 2. Juni 1420 das Paar vor den Traualtar trat und vom Erzbischof von Sens gesegnet wurde. Der Bräutigam zeigte sich großzügig, verteilte Geschenke an Gäste und Kirche und richtete am folgenden Tag ein glanzvolles Bankett aus. Doch Turniere untersagte er, da er sofort den Kampf gegen die Armagnacs aufnehmen wollte. Auch militärisch winkte ihm das Glück: Wenige Wochen nach der Hochzeit konnte er die Festung Montereau einnehmen, was es Philipp dem Guten erlaubte, den zerstümmelten Leichnam seines Vaters Johann Ohnefurcht zu bergen und mit allen Würden in die Kartause von Champmol bei Dijon zu bringen, um ihn dort bestatten zu lassen.

Die anglo-burgundischen Erfolge blieben nicht ohne Wirkung auf das Volk, das den Frieden herbeisehnte. Paris bereitete Heinrich V. und seiner jungen Gattin sowie dem französischen Königspaar am 1./2. Dezember einen umjubelten Einzug.

Wer hätte geglaubt, dass der englische König – bis vor Kurzem noch der Kriegsfeind – unter Hochrufen durch die geschmückten Straßen der französischen Metropole ziehen und im Louvre seinen Sitz würde nehmen können? Wer hätte gedacht, dass Isabeau an der Seite der neuen Königin von England, ihrer eigenen Tochter, ihre Residenz betreten würde?

Für Muße und Feste blieb indes keine Zeit. Es ging darum, der Allianz mit England weitere Legitimität zu verschaffen: Kurz vor Weihnachten stimmten die Generalstände dem Vertrag von Troyes zu, während eine königliche Ordonnanz die Mörder von Johann Ohnefurcht als Staatsfeinde deklarierte. Am 6. Januar 1421 schließlich wurde der Dauphin durch einen Erlass des Parlaments gebannt und wegen des Mordes an Johann Ohnefurcht von der Thronfolge ausgeschlossen. Da er sich des »Verbrechens der Majestätsverletzung höchsten Grades schuldig« gemacht habe, gehe er aller »Erbfolgerechte, Ehren und Würden« verlustig, so die Argumentation. Seine Untertanen und Vasallen entband die Deklaration von der Treuepflicht. Beruhigt war Heinrich V. mit seiner Frau Katharina inzwischen nach England abgereist.

Der »siegreiche« König: Karl VII.

Niemand im kriegsgebeutelten Frankreich des 15. Jahrhundert hätte auch nur einen Denier darauf verwettet, dass Karl VII. eines Tages mit dem Beinamen »der Siegreiche« in die Geschichtsbücher eingehen würde. Und doch schaffte Isabeaus jüngster Sohn, der 1403 in Paris geboren worden war, dieses Kunststück. Anfangs noch als »kleiner König von Bourges« verspottet, mauserte er sich rasch zu einem ernstzunehmenden Gegner der anglo-burgundischen Allianz. Obwohl er auf seine Umgebung verschlossen, misstrauisch und depressiv wirkte, brachte er doch die nötige Entschlossenheit und Geschicklichkeit auf, das Land unter seiner Hand zu einen. Durch den Mord von Montereau entehrt und des Thronfolgerechts beraubt, sammelte er an seinem Hof in Bourges die Opposition um sich und errichtete eine Gegenregierung mit einer effektiven Administration, zu der er auch kluge Köpfe aus dem bürgerlichen Stand heranzog. Die Exilsituation schweißte diese Männer zusammen. Die dem Kronprinzen ergebenen Gebiete befanden sich südlich der Loire, umfassten große Teile Aquitaniens sowie Anjou, Touraine, Berry, La Marche, Bourbonnais, Auvergne, Velay, Forez, Dauphiné und das Languedoc. Zu Gute kam Karl dabei, dass die südlichen Regionen vom Kriegsgeschehen weniger heimgesucht wurden als der anglo-burgundische Norden.

Zwei Frauen prägten das Leben Karls in besonderem Maße: seine Schwiegermutter Yolanda von Aragón, die ihm bis zu ihrem Tod 1442 mit Rat und Tat zur Seite stand, und Johanna von Orléans, die Jungfrau aus Domrémy, die ihn mit ihrem Enthusiasmus und militärischem Geschick zur Krönung nach Reims führte. 1429 konnte Karl VII., der sich bereits nach dem Tod seines Vaters 1422 zum König hatte ausrufen lassen, sich am traditionellen Krönungsort salben lassen. Schritt für Schritt eroberte er anschließend Frankreich zurück und führte durch eine geschickte Politik des Ausgleichs vor allem gegenüber seinem innenpolitischen Intimfeind Philipp von Burgund eine Versöhnung des gespaltenen Landes herbei. 1435 brachte der Frieden von Arras seine Anerkennung als französischer König durch Burgund, was auch das Ende der englischen Herrschaft in Frankreich einläutete. Die letzte Schlacht des Hundertjährigen Krieges wurde 1453 bei Castillon geschlagen.

Bei seinem Tod 1461 stand Frankreich geschlossen und reorganisiert da. Ein Herold erklärte ihn bei seinem Begräbnis in Saint-Denis zum »siegreichsten König«. Um den Fortbestand der Dynastie hatte er sich redlich bemüht: Mit Maria von Anjou hatte er 14 Kinder, darunter den Nachfolger Ludwig XI., mit seiner Geliebten Agnes Sorel weitere drei. Mehr konnte ein als entscheidungsschwach charakterisierte König für sein Land nicht tun.

9 Gescheiterte Hoffnungen

VOM UNGLÜCK VERFOLGT

Der Vertrag von Troyes brachte Frankreich nicht den erhofften Frieden. Die Anhänger des um Erbe und Krone gebrachten Thronfolgers setzten ihren Fehdezug gegen die anglo-burgundische Allianz unbeirrt fort, sodass die Leiden der Bevölkerung andauerten. Plünderungen, Missernten, Teuerungen und Hunger machten den Menschen das Leben schwer. Not und Elend herrschten überall. Die geplante französisch-englische Doppelmonarchie wurde von großen Teilen der Bevölkerung nur akzeptiert, weil sie für den Moment einen Ausweg aus dem Krieg wies und zumindest für die Zukunft Frieden und Sicherheit versprach. Allerdings berücksichtigte das Vertragswerk in keinster Weise die Rechte und Bedürfnisse der armagnacischen Seite. Was sollte mit den Vasallen und Gefolgsleuten des Thronfolgers geschehen, die vom Treueid entbunden worden waren? Drohte ihnen der Verlust von Eigentum und Rechten? Grundsätzliche Zweifel an dem Vertragswerk machten sich breit: Durfte der kranke König Karl VI. angesichts seines Zustandes überhaupt eine so weitreichende Entscheidung über das ganze Königreich treffen? Konnte die bislang praktizierte Primogenitur – das Nachfolgerecht des ältesten Sohnes – ohne die Zustimmung des Betroffenen einfach ausgesetzt werden? Ließ sich die Schuldfrage des Kronprinzen bezüglich des Mordes an seinem burgundischen Verwandten ohne gerichtliche Untersuchung klären? Es war offensichtlich, dass der Vertrag von Troyes nicht ausreichte, um das Land dauerhaft nach außen wie nach innen zu befrieden.

Und Isabeau? Sie geriet mit dem Beginn der englischen Regentschaft zusehends in die Isolation. Die Karten wurden fortan am Hofe Heinrichs V. gemischt, während das französische Königspaar über keine Trümpfe mehr verfügte. Heinrich herrschte im Gegenteil sehr selbständig über Frankreich und suchte nicht um Beratung durch seine Schwiegereltern nach. Missmutig registrierten manche Chronisten, dass der König »so in den Hintergrund gedrängt war«, dass er »bei den großen

Herren seines Reiches und auch bei den anderen in Vergessenheit geraten« sei.

Erschwerend kam hinzu, dass der Krieg auch die Einnahmen des königlichen Hofes aufgefressen hatte und die von den Engländern zugesicherten Zahlungen nur sehr spärlich flossen. So mussten die Haushaltung eingeschränkt und auf große Feste verzichtet werden. Auch hier merkten die Pariser den Unterschied zu früheren Zeiten, als ein verschwenderischer Königshof seinen Glanz über die Stadt und das Reich geworfen hatte. Isabeau nahm die veränderten Umstände schicksalsergeben hin. Sie begnügte sich mit einem verkleinerten Hofstaat, in dem ihr nur noch ihre Schwägerin Katharina von Alençon und Amalie von Ortenburg als gute Vertraute zur Seite standen. Ihre Gesundheit schien geschwächt zu sein, denn mehrere Ärzte mussten sich um ihr Wohlbefinden bemühen. In den Rechnungen tauchten vermehrt Ausgaben für Medikamente auf, darunter sehr seltsam anmutende Elixiere, in die man zerstoßene Edelsteine mischte. Auch ein Rollstuhl für die gichtgeplagte Königin wurde angeschafft. Was sie wirklich fühlte und dachte, ist jedoch nur schwer nachzuvollziehen, da Selbstzeugnisse fehlen. Jedenfalls vergaß sie auch in dieser schweren Zeit das Almosengeben nicht, wie die Quellen mehrfach bezeugen.

Freude bereitete Isabeau immerhin ihre Tochter Katharina, die Königin von England, die sie im Sommer 1421 besuchen kam und zu Ende des Jahres auf Schloss Windsor einen Sohn zur Welt brachte: Den erhofften Thronfolger und Erben zweier Königreiche, Heinrich VI. In ganz Paris läuteten die Glocken, um diese Nachricht gebührend zu würdigen. Die Zukunft der Doppelmonarchie schien gesichert. Überglücklich begrüßte Isabeau im darauffolgenden Frühjahr ihre Tochter erneut in Paris, bereitete ihr einen festlichen Einzug in die Stadt und erfreute sich einige Wochen lang ihrer Gesellschaft.

Doch die Momente ungetrübten Familienglücks waren gezählt: Nicht nur der Tod von Isabeaus Tochter Michelle, der Ehefrau Philipps des Guten von Burgund, die mit nur 26 Jahren in Gent verstarb, erschütterte das Familienleben. In rascher Folge traten zwei weitere Todesfälle ein, die nicht nur einen persönlichen Verlust für Isabeau darstellten, sondern auch für Frankreich eine Wendung im gesamten politischen Gefüge herbeiführten.

ZWEI FOLGENSCHWERE TODESFÄLLE

Auch Katharinas Ehemann, Heinrich V., war inzwischen nach Frankreich zurückgekehrt, um den Krieg gegen die Armagnacs fortzusetzen, der im Jahr zuvor, 1421, das Leben seines jüngeren Bruders Thomas, des Herzogs von Clarence, gefordert hatte. Doch das Kriegsglück zeigte sich ihm nicht geneigt. Im Feldlager der Engländer herrschten Krankheit und Nachschubmangel, die selbst die robuste Natur eines 34-Jährigen in Mitleidenschaft zogen. Während der Belagerung der Stadt Meaux erkrankte der englische König plötzlich an einer Durchfallerkrankung, vermutlich der Ruhr. Gegen Infektionskrankheiten besaßen selbst erfahrene Feldärzte damals kein Rezept. Der Gesundheitszustand des Königs verschlechterte sich dramatisch schnell. Er musste den Sattel gegen eine Sänfte tauschen und sich nach Vincennes bringen lassen, um sich auszukurieren. Doch selbst die aufmerksamste Krankenpflege konnte hier nichts mehr ausrichten: Heinrich V. machte sein Testament, vertraute Frau, Kind und Herrschaft seinen jüngeren Brüdern an und verstarb zum großen Entsetzen seiner Umgebung am 31. August 1422 in Vincennes.

Damit hatte das Konzept der Doppelmonarchie einen schweren Schlag erlitten, denn Heinrichs Sohn und Nachfolger, Heinrich VI., war erst wenige Monate alt und fiel mittelfristig für die Machtübernahme aus. Für Frankreich sprang als Regent der jüngere Bruder Heinrichs, Johann von Bedford, ein, nachdem Philipp von Burgund die ihm angebotene Regentschaft abgelehnt hatte. In England übernahm nach dem Willen des Verstorbenen der Herzog Humphrey von Gloucester, ebenfalls ein jüngerer Königsbruder, die Herrschaft. Doch jedermann bei Hofe ahnte, dass der überraschende Tod Heinrichs V. die Seite der Armagnacs stärken würde, die immerhin über einen erwachsenen, mit einer realen Machtbasis im Land ausgestatteten, wenn auch offiziell enterbten Thronkandidaten verfügte. Die Zukunft schien plötzlich wieder unsicherer denn je, weshalb der englische König noch auf dem Sterbebett verfügt hatte, unter keinen Umständen Karl, den Sohn des ermordeten Ludwig von Orléans, aus seinem Exil zu entlassen, um der gegnerischen Seite nicht noch eine weitere Galionsfigur des Widerstandes zu überlassen.

Angesichts der Bedeutung des Verlustes schritt man mit großem Aufwand zu den Begräbnisvorbereitungen. In Saint-Denis fand ein feierliches Totengedenken statt. Danach überführte man den Toten über Rouen nach Calais und von dort per Schiff in seine englische Heimat. In großer Trauerprozession zog der Leichenkondukt durch London, wo schließlich in Westminster die pompöse Bestattung unter Beisein des gesamten englischen Adels erfolgte. Um den Leichnam für die lange Fahrt vorzubereiten, wurde er aufwändig präpariert: Man entnahm die Eingeweide und setzte sie gesondert bei, das Fleisch wurde ausgekocht. Knochen und Fleisch kamen zusammen mit Kräutern in einen verschließbaren Bleisarg. Um der Öffentlichkeit den toten König ein letztes Mal sinnbildlich präsentieren zu können, legte man auf den Sarg ein künstliches Abbild des Königs aus bemaltem Leder, eine Effigie, die den Ornat und die Insignien des Königs trug.

Isabeau musste sich einsamer denn je gefühlt haben. Mit ihrem Schwiegersohn hatte sie ihren letzten sicheren Halt verloren, nachdem der Burgunderherzog sich immer stärker auf den Ausbau seines eigenen Machtbereiches konzentrierte und das Schicksal des Königreiches gegenüber seinen eigenen Zielen hintanstellte. Auf die Erziehung ihres Enkelsohnes Heinrich VI. besaß sie keinen Einfluss, denn diese übernahm Richard Beauchamp, Graf von Warwick, ein enger Vertrauter des verstorbenen Königs. Selbst ihre nach England zurückkehrende Tochter Katharina wurde von der Regierung ferngehalten. So waren der alten Königin die Zügel der Macht längst entglitten.

Zu allem Unglück traf im Herbst 1422 die nächste Hiobsbotschaft ein: Karl VI. hatte sich mit dem ersten Kälteeinbruch eine schwere Erkältung zugezogen, die ihn aufs Krankenbett

Die dem hl. Dionysius von Paris geweihte ehemalige Abteikirche Saint-Denis, seit 564 Grablege fast aller fränkischer bzw. französischer Könige

warf. Er erholte sich davon nicht mehr und verstarb am 21. Oktober mit knapp 54 Jahren in seiner Pariser Residenz Saint-Pol. Isabeau war Witwe geworden. Unter großer Anteilnahme des Volkes, das den wirren König immer als »le Bien Aimé«, den »Vielgeliebten«, bezeichnet hatte, weil es sein eigenes Elend im Leiden des Königs gespiegelt sah, trug man ihn zu Grabe. Sein Sarg wurde 17 Tage lang im Palast aufgebahrt, jeden Tag dabei eine Seelenmesse zelebriert. Da man auf die Rückkehr des in London weilenden Regenten Bedford wartete, fand der pompöse Trauerzug in Paris erst am 9. November statt.

Die zwei Körper des Königs

Nach mittelalterlicher Vorstellung war der König nicht nur ein rein weltlicher Herrscher. Er hatte gleichzeitig Anteil an der göttlich legitimierten Herrschaft, die ihm eine besondere Aura verlieh und über alle anderen Menschen erhob. Wenn ein König starb, sank nur sein irdischer Leib ins Grab hinab, während seine königliche Würde, die »dignitas regia«, die die Staatsgewalt repräsentierte, erhalten blieb. Der mystische Köper des Königs galt als unvergänglich und immerwährend. Diese Herrschaftsauffassung fand ihren Niederschlag im Begräbnisritual. Die Kontinuität der Königsherrschaft wurde durch eine auf dem Sarg liegende Effigie, ein künstliches Abbild des toten Königs, versinnbildlicht. Der Brauch ist in England erstmals 1327 überliefert. Er empfahl sich auch aus praktischen Gründen, da eine Aufbahrung und eine öffentliche Zurschaustellung des Leichnams während der immer länger währenden Trauerfeierlichkeiten in den Sommermonaten kaum möglich waren.

Effigies konnten aus verschiedenen Materialen hergestellt werden. Die ersten Exemplare in England bestanden aus Holz. Aber auch Stopf- oder Gliederpuppen aus Leder, Wachs, Weidengeflechten, Flachsfasern, Leinen und Barchent fanden Verwendung. Sie wurden sorgfältig eingekleidet und mit Perücken oder echtem Haar geschmückt. Nach der Beerdigungszeremonie wurden sie in den Begräbniskirchen verwahrt. In der Westminister Abtei haben sich noch viele Exemplare erhalten, während in Saint-Denis infolge der Französischen Revolution durch die Plünderung der königlichen Gräber so gut wie alle zerstört wurden.

Mit dem Tod Heinrichs V. wurde der Gebrauch von Effigies in Frankreich übernommen – erstmals bei den Begräbnisfeierlichkeiten Karls VI. Der Scheinleib des Königs wurde mit höchster Sorgfalt hergestellt, denn der kranke Monarch sollte »in der großen Kraft und Form,

In Chor und Querhaus der einstigen Abteikirche fanden die Grabmäler von Angehörigen der verschiedenen französischen Königsdynastien ihre Aufstellung. Während der Französischen Revolution wurden sie geplündert und zerstört.

die der genannte verstorbene Herr in seinem guten Gesundheitszustand gehabt hatte«, dargestellt werden. Der Hofmaler François von Orléans wurde bestellt, um einen Abdruck des Gesichtes zu nehmen und zu bemalen. Die Diener kleideten die Puppe in wertvolle Gewänder ein. Johann von Bedford, der die Trauerfeierlichkeiten leitete, legte höchsten Wert darauf, die Kontinuität des Königtums zu betonen und die Ausrufung des neuen Königs mit der Bestattung des alten zeremoniell zu verbinden, denn in der Zwischenzeit hatte sich bereits der enterbte Sohn Karl VII. zum neuen König ausrufen lassen. Umso notwendiger war die Inszenierung eines Herrscherwechsels ohne Interregnum: Noch am Grab Karls VI. in Saint-Denis wurde dessen Enkel Heinrich VI. durch Herolde zum neuen König ausgerufen. Der später traditionelle Ruf »Le roi est mort. Vive le roi!« hatte hier seinen Ausgangspunkt.

Nach englischem Brauch fertigte man für den Sarg des toten Königs ebenfalls eine Effigie aus Wachs, Tuch und Leder an, um der abschiednehmenden Bevölkerung den Toten noch einmal vor Augen zu führen. Die lebensnah gestaltete, in wertvolle Stoffe gekleidete Figur mit plastisch modellierten Händen und Gesicht trug die Insignien des Königtums: Szepter und die »Hand der Gerechtigkeit«. Die Kathedrale von Notre-Dame erstrahlte im Schein tausender Kerzen, als die Bahre vom Herzog von Bedford empfangen und zum Chor geführt wurde. Würdig zelebrierte die versammelte Geistlichkeit unter Führung des Bischofs von Paris die Totenmesse. Anschließend überführte man den Sarg nach Saint-Denis, um ihn am nächsten Tag in der Basilika beizusetzen. Noch am Grab rief ein Herold den neuen König aus: Heinrich VI., König von England und Frankreich.

Bedford tat alles, um dem unmündigen Heinrich VI. den Thron Frankreichs zu sichern. Bereits in den Wochen zuvor hatte er Städte und Fürsten daran erinnert, wem sie nun Gehorsam schuldeten. Die Hoffnungen des Reiches ruhten auf den Schultern eines Kleinkindes. Umso bezeichnender war, wer den Begräbnisfeierlichkeiten, für die man einen Teil der Kronjuwelen versteigern mussten, um die Kosten zu begleichen, ferngeblieben war: Es war neben dem desinteressierten Herzog von Burgund das politische Schwergewicht Karl VII., der einzig überlebende Sohn des Verstorbenen. Der übergangene Erbe zeigte sich nicht geneigt, sein Schicksal einfach hinzunehmen und die Macht seinem kleinen Neffen zu überlassen. Wenige Tage nach dem Tod seines Vaters ließ sich Karl VII. in Mehun-sur-Yèvre daher selbst zum König ausrufen. Auf wen er sich bei seiner Machtübernahme stützte, hatte er im Frühjahr deutlich gemacht, als er nach langer Verlobungszeit im April 1422 Maria von Anjou zur Frau nahm. Das Haus zählte zu den treuesten Stützen des enterbten Königssohnes. Karl pflegte eine aufrechte Freundschaft zu seinem Schwager René von Anjou, dem Herzog von Lothringen, die auch von strategischer Bedeutung war. Seine Situation nahm sich daher keineswegs aussichtslos aus. Er konnte bei seinem Kampf um die Macht auf nennenswerte Anhänger zurückgreifen. Letztendlich entschieden die Waffen darüber, wer rechtmäßiger König von Frankreich werden sollte.

Isabeau bürdete die Konvention dagegen maximale Zurückhaltung auf. Als Witwe musste sie ein Trauerjahr einhalten, das sie in die schwarz ausgeschlagenen Gemächer ihres Hôtel Saint-Pol verbannte. Es ist nicht überliefert, ob sie an den Trauerzeremonien für ihren Gatten teilgenommen hatte. Der aufkeimenden Kriegsgefahr stand sie ohnmächtig gegenüber. Vermutlich lagen all ihre Hoffnungen und Sympathien auf ihrem Enkel Heinrich VI., dem einzigen Garanten der englisch-französischen Doppelmonarchie. Doch steuern konnte sie die Dinge nicht mehr.

10 Dem Ende entgegen

JOHANNA VON ORLÉANS

Die Kämpfe begannen rasch von Neuem. Ziel der englischen Operationen war die Eroberung von Maine und Anjou, dem Herzstück der territorialen Basis Karls VII. Zunächst geriet der »König von Bourges« tatsächlich in Bedrängnis, musste die Champagne und Maine verloren geben und im Herbst 1428 die Belagerung Orléans' durch englische Truppen hinnehmen. Der Stadt kam eine strategische Schlüsselbedeutung zu, da sie den Weg über die Loire in den Süden Frankreichs eröffnete. In dieser schwierigen Phase des Krieges kam Karl Hilfe von völlig unerwarteter Seite zu: Ein junges Mädchen aus dem Dorf Domrémy behauptete, die Belagerung aufheben, den König zur Krönung nach Reims führen und die Engländer aus Frankreich vertreiben zu können: Johanna von Orléans, die Jungfrau, die von Gott gesandte Retterin Frankreichs – wie es ihren Zeitgenossen erschien. Das Bauernmädchen, das seit seiner frühen Jugend Stimmen zu vernehmen glaubte, hielt sich für von Gott beauftragt, Frankreich aus der Krise zu führen. Da ihr Heimatdorf im Grenzgebiet zwischen den Herzogtümern Bar und Lothringen lag, dürfte Yolanda von Aragón, die scharfsinnige Schwiegermutter Karls VII., von ihrem Auftreten früh erfahren haben.

Zunächst wurde das Mädchen am Hofe des alten Herzogs von Lothringen, des Schwiegervaters Renés von Anjou, empfangen, was ihr Ansehen steigerte, dann im Frühjahr 1429 unter Protektion Yolandas in Chinon am Hofe Karls VII. begrüßt. Der von den militärischen Misserfolgen entmutigte und an seinem Recht als Thronerbe zweifelnde Karl ließ sich von ihr neue Zuversicht einflößen. Nach einem angeblichen Vier-Augen-Gespräch mit ihr soll er sich optimistischer denn je gezeigt haben. Der Enthusiasmus und die tiefe Frömmigkeit des jungen Mädchens steckten nicht nur ihn an, sondern rissen auch die vom Krieg gepeinigten Landsleute mit. Johanna wurde an die Front vor Orléans gebracht, wo sie Karls Truppen derart befeuerte, dass die Befreiung der Stadt innerhalb weniger Tage im

Die später heiliggesprochene Johanna von Orléans führte den enterbten Thronfolger Karl VII. 1429 zur Krönung nach Reims. – Statue in der Kathedrale Notre-Dame, Paris

Mai 1429 gelang. Unter Lebensgefahr führte sie dabei selbst den Sturmangriff auf die Stadt. Die Engländer zogen ab und wurden nur wenige Wochen später in offener Feldschlacht bei Patay geschlagen.

Das »Wunder von Orléans« bedeutete einen Wendepunkt im Kriegsgeschehen. Die Franzosen kämpften fortan mit religiöser Inbrunst gegen die Engländer in der vollen Überzeugung, sie schlagen zu können. Der Weg nach Reims, der traditionellen Krönungsstadt der französischen Könige, stand offen. Am 17. Juli konnte Karl VII. in der dortigen Kathedrale zum rechtmäßigen König gekrönt und gesalbt werden. Neben ihm stand Johanna mit dem Kriegsbanner am Altar. Welch ein Triumph für die Seite der Armagnacs! Karl war nun in den Augen des Volkes der rechtmäßige König; der kleine Heinrich VI. dagegen erschien als Usurpator, der sich dem Willen Gottes widersetzte.

Unter dem Banner der siegreichen Jungfrau Johanna zerstoben Isabeaus politische Pläne wie Blütenträume. Zu ihrem Sohn hatte sie keinen Kontakt mehr; persönlich treffen konnte sie ihn nicht, denn Paris wehrte sich heftig dagegen, dem neuen König die Tore zu öffnen. Karls Truppen erlitten vor Paris eine Niederlage. So konnte Isabeau keinerlei Vermittlungstätigkeit entfalten. Sie war und blieb isoliert. Vielleicht schöpfte sie neue Hoffnung, als Johanna von Orléans während der Belagerung von Compiègne durch einen Hinterhalt in die Gefangenschaft Burgunds geriet und dadurch handlungsunfähig war. Herzog Philipp lieferte sie gegen einen hohen Geldbetrag an die Engländer aus, die ihr den Prozess machten und sie 1431 als Ketzerin in Rouen verbrennen ließen. Dadurch verlor das Lager Karls VII. seine charismatischste Persönlichkeit, obwohl jeder in Frankreich wusste, dass es sich bei dem Inquisitionsprozess um einen von England angestrengten politisch motivierten Schauprozess gehandelt hatte.

DIE KRÖNUNG HEINRICHS VI.

Das Todesurteil gegen Johanna von Orléans nutzte die englische Progaganda, um das Königtum Karls VII. herabzuwürdigen und

Während seiner lichten Momente betete Karl VI. gerne zu der in der Kathedrale Notre-Dame verehrten Gottesmutter um Genesung. Die mächtige Kirche war außerdem Schauplatz der Krönung des zehnjährigen Heinrichs VI., des Enkelsohnes Isabeaus, der die Kronen Englands und Frankreichs in seiner Person vereinte

als das Werk einer irregeleiteten »Ketzerin« darzustellen. Umso wichtiger war es Johann von Bedford, der französischen Öffentlichkeit den eigenen Thronprätendenten als rechtmäßigen König zu präsentieren. Daher veranlasste er die Krönung des zehnjährigen Heinrich VI. am 16. Dezember 1431 in Paris. Mit großem Zeremoniell und unter Beisein von Bischöfen, Rittern, Knappen und Vertretern der Stadtbürger zog der Junge Anfang Dezember in Paris ein. Die Prachtentfaltung diente dazu, den ausgehungerten und frierenden Stadtbewohnern zu zeigen, wie mächtig ihr neuer Herr sei. Trotz der Kälte führte man Mysterienspiele und allegorische Szenen auf. Isabeau wohnte dem Ereignis als Zuschauerin bei. Als sie von ihrem Fenster im Hôtel Saint-Pol aus den Enkel erblickte, der sie, unter einem Tragehimmel einherziehend, artig grüßte und sein Haupt dabei entblößte, kamen ihr die Tränen und sie wandte sich weinend ab.

Es war das letzte Mal, dass sie sich öffentlich zeigte. Sie ahnte wohl, dass es mit der Herrschaft Heinrichs über Frankreich nicht weit her war. Schon das Krönungszeremoniell, das einige Tage nach dem Festeinzug stattfand, zeigte die Widersprüche auf: Statt in Reims krönte man den jungen Herrscher in Notre-Dame zu Paris, wobei die Weihe vom Bischof von Winchester vorgenommen wurde, einem entfernten Verwandten Heinrichs VI., während die Ansprüche des Bischofs von Paris einfach übergangen wurden. Das heilige Salböl, das in Reims aufbewahrt wurde und der Legende nach einst zur Taufe Chlodwigs I. von einer Taube vom Himmel herab gebracht worden war, fehlte, was in den Augen der Zeitgenossen ein eklatanter Mangel war.

So war Heinrich am falschen Ort sowie vom falschen Bischof gekrönt worden und entbehrte der sakralen Aura durch die fehlende Salbung mit dem heiligen Öl. Immer mehr Franzosen hielten daher Karl VII. für den rechtmäßigen, von Gott erwählten, in Reims gesalbten König. Dies schlug sich auch in der Gästeliste der Pariser »Notkrönung« nieder, die enorme Lücken aufwies: Die meisten französischen Bischöfe fehlten, darunter der für Paris zuständige Erzbischof von Sens, sowie auch viele französische Adlige, zu denen unter anderem der Herzog von Burgund zählte.

So war Unzufriedenheit das vorherrschende Gefühl in diesen Pariser Krönungstagen. Selbst die Hauptstädter, die noch am meisten von den Festivitäten profitierten, beklagten, von Bedford keine der üblichen Steuernachlässe gewährt bekommen zu haben. So verließ der junge König Frankreich, »ohne irgendwelche Wohltaten gewährt zu haben«, wie es in den anonymen Aufzeichnungen des »Tagebuchs eines Bürgers von Paris« heißt. »Und doch hatte man nie einem König zu Paris so viel Ehre dargebracht (...) und dies trotz des nur wenigen Volks, des geringen Verdienstes, mitten im Winter und der großen Teuerung der Lebensmittel.«

ISABEAUS TOD

Enttäuscht wird Isabeau registriert haben, dass ihr Enkel nicht mehr war als eine Figur auf dem Schachbrett der Politik. Das Spiel bestimmten andere. Die alte Königin zog sich ins Privatleben zurück. Selbst ihrem geliebten Bruder entfremdete sie sich, da dieser ihr Gelder aus dem gemeinsamen Erbe vorenthielt. Ein hässlicher Geschwisterzwist um nicht erfolgte Zahlungen aus den bayerischen Besitzungen und um die in Ludwigs Besitz übergegangenen verpfändeten französischen Kleinodien überschattete Isabeaus letzte Jahre. Sie machte ihr Testament, bedachte Pariser Kirchen und Klöster reich mit Stiftungen, vergaß die Waisen, Blinden und Armen nicht und ordnete angesichts ihrer begrenzten Mittel bescheidene Begräbnisfeierlichkeiten an: »Item was Unsere Totenfeier betrifft und die Art, wie Unser Körper in golddurchwirkte Tücher gewickelt werden soll, für die Totenmesse, Bestattung und Begräbnisstätten, gefällt es Uns und Wir wollen und befehlen, dass sie ohne Stolz und Eitelkeit nach Gutdünken und reiflicher Überlegung von Unseren Testamentsvollstreckern ausgeführt werden sollen, so sie als zweckmäßig empfunden werden.« Ihr Augenmerk lag ganz auf den frommen Stiftungen zugunsten der Kirche, »damit Unsere Seele schneller in die gesegnete Herrlichkeit des Paradieses eingehe«.

War es Ausdruck ihrer Enttäuschung, dass sie keine bayerischen Kirchen und Klöster mehr bedachte, wie in früheren Testamenten vorgesehen? Oder lag es nur an der unsicheren politischen Lage oder den zusammengeschmolzenen eigenen Einkünften? Zurückgezogen wartete sie auf ihren Tod. Von ihrer Kinderschar waren nur drei geblieben: Karl VII., zu dem sie keinen Kontakt mehr hatte, Katharina, die Mutter Heinrichs VI., die erneut verheiratet in England lebte, und Marie, die Nonne im Kloster Poissy, zu der sie noch am meisten Zugang hatte. Es wurde still um Isabeau. »Die Königin verließ Paris nicht mehr«, notierte der »Bürger von Paris«. »Als wäre sie eine Frau aus fremdem Land, blieb sie die ganze Zeit im Hôtel Saint-Pol (...) und sie lebte zurückgezogen, wie es einer Witwe ansteht.«

Isabeaus Leichnam wurde zu Schiff von Paris an ihren Begräbnisort Saint-Denis überführt. – Buchmalerei aus »Chroniques de France et d'Angleterre«, Jean Froissart, um 1450

Ihre letzten, von Krankheit gezeichneten Lebenstage endeten am 30. September 1435, nach anderen Angaben am 24., 28. oder 29. September. In ihrer Pariser Residenz starb Isabeau de Bavière, verborgen vor den Augen der Öffentlichkeit, im Alter von 65 Jahren nach Erhalt der Sterbesakramente, betreut von ihren wenigen Dienern und Hofdamen.

Sorgsam bereitete ihre Umgebung ihr Begräbnis vor. Zunächst wurde der Leichnam im Hôtel Saint-Pol aufgebahrt, dann am 13. Oktober nach Notre-Dame überführt. Eine »Vielzahl von Menschen« begleiteten den Leichenzug. »Es zogen 14 Totenglöckner vor dem Leichnam einher und 100 Kerzen«, schrieb der unbekannte »Bürger von Paris« in sein Tagebuch. Den Sarg trugen 16 schwarz gekleidete Männer unter einem lilienbestickten Tragehimmel. Wie schon für Isabeaus Mann und ihren Schwiegersohn hatte man auch für ihren Sarg eine Effigie, eine plastische Totenfigur, hergestellt, die ihre Gewänder und eine Krone trug und ein Szepter in der rechten Hand hielt. Den Eindruck beschrieb der »Bürger von Paris« als so lebensecht, dass es schien, als schliefe die Königin nur. Ein letztes Mal wurde damit symbolisch zum Ausdruck gebracht, dass Isabeau einen eigenständigen Anteil an der göttlich legitimierten Herrschaft des französischen Königtums besaß. Nach der Nachtwache in Notre-Dame wurde sie am nächsten Morgen per Schiff nach Saint-Denis gebracht. Da die Truppen der Armagnacs Paris bestürmten, hatte man diesen Weg gewählt. Nach einer feierlichen Totenmesse in Saint-Denis fand Isabeau neben ihrem Gemahl ihre letzte Ruhestätte. Ein kostbares schwarzes Marmorgrabmal mit weißen Liegefiguren im südlichen Querschiff, das der Künstler Pierre de Thury zwischen 1424 und 1429 angefertigt hatte, erinnert bis heute in der Basilika an das tragische Königspaar, das sein Leben zwischen höfischem Glanz und dem Elend des Hundertjährigen Krieges verbrachte. Der Künstler überlieferte mit seinen meisterhaft gearbeiteten Figuren einen außergewöhnlich lebendigen Eindruck von dem ungleichen Königspaar.

Kurz vor ihrem Tod erhielt Isabeau noch die Nachricht vom Abschluss des Vertrags von Arras, der einen Ausgleich zwischen Karl VII. und dem Herzog von Burgund brachte. Letzterer erkannte darin die Rechtmäßigkeit von Karls Königtum an. Im Gegenzug äußerte dieser sein Bedauern über den Mord an Johann Ohnefurcht und erließ dem Burgunderherzog die Huldigung. Damit war die anglo-burgundische Allianz hinfällig. Auch wenn nach wie vor englische Truppen im Land standen und die Kämpfe andauerten, zeichnete sich doch ab, dass das Konzept der Doppelmonarchie gescheitert war. Im Frühjahr 1436 öffnete Paris den Truppen Karls VII. seine Tore. Ein Jahr später bereitete die Stadt dem legitimen König von Frankreich einen feierlichen Empfang. Der Hundertjährige Krieg neigte sich seinem Ende zu.

Die Zeit hatte Isabeaus politische Absichten eingeholt. Sie stand auf der Verliererseite der Geschichte, was ihr das harsche Verdikt der Nachwelt einbrachte.

Noch zu ihren Lebzeiten gab Isabeau für sich und ihren Mann ein kostbares schwarzes Marmorgrabmal mit weißen Liegefiguren in Auftrag, das der Bildhauer Pierre de Thury 1424–1429 ausführte. In Saint-Denis, der königlichen Grablege, ruht das Paar neben seinen Ahnen.

Die königliche Grablege: Saint-Denis

Die Benediktinerabtei Saint-Denis, unmittelbar nördlich von Paris gelegen, ist eng mit der Geschichte des französischen Königtums verbunden. Die über einem galloromanischen Friedhof mit dem Grab des hl. Märtyrers und ersten Bischofs von Paris, Dionysius, errichtete Kirche diente bereits den ersten merowingischen und karolingischen Königen als Grablege. Seit Ende des 10. Jahrhunderts festigte sich diese Stellung mit der Dynastie der Kapetinger. Saint-Denis stieg zum »Friedhof der Könige« und zu einer der mächtigsten Abteien in Frankreich auf.

Der unter Abt Suger im 12. Jahrhundert in Angriff genommene Neubau wurde zu einem Prototyp der Gotik:

mit lichtdurchflutetem Chor, Kreuzrippengewölbe und Chorumgang mit Kapellenkranz. Ludwig der Heilige ließ im 13. Jahrhundert die Königsgräber in der Vierung neu ordnen und mit plastischen Liegefiguren versehen. Heute beherbergt die Kathedrale die größte Ansammlung von Grabdenkmälern in Europa, obwohl diese während der Französischen Revolution geplündert und geschändet wurden.

Auch Karl VI. und Isabeau fanden dort ihre letzte Ruhe. Die von Pierre de Thury, einem Sohn des bereits unter Karl V. arbeitenden Bildhauers Johann von Thury, geschaffenen marmornen Grabfiguren weisen eine außergewöhnliche Ausdrucksstärke auf. Der tote König ruht auf einem Kissen. Er besitzt einen mageren Leib und ein eingefallenes Gesicht mit außergewöhnlich hoher Stirn und kurz geschnittenen Haaren. In seinen Gesichtszügen mit den hohlen Wangen und den schmalen, fest verschlossenen Lippen spiegeln sich sein Unglück und sein langes Leiden wider. Er erscheint ausgezehrt und krank. Man hat angenommen, dass dem Künstler für diese einfühlsame Darstellung die für die Effigie verwendete Totenmaske zur Verfügung stand. Die Attribute der Macht – Krone, Szepter und die Hand der Gerechtigkeit – geben Karl seine königliche Würde zurück.

Isabeaus Züge dagegen sind lebhafter und entschlossener dargestellt. Ein feines Lächeln spielt um ihre Lippen, Grübchen liegen auf ihren Wangen. Ihr ebenmäßiges Gesicht wird von einem Witwenschleier, der mit feinen Nadeln an einem Kinnband angesteckt ist, fast zu Gänze umschlossen. Unter dem Schleier zeichnen sich ihre seitlich hochgebundenen Haare ab. Auch im Tod sieht man der Königin noch eine gewisse Eleganz an: Gewebe, Musterung und Faltenwurf der Kleidung sind detailreich festgehalten. Der Körper wirkt schlank und alterslos. Auch Isabeau trägt Krone und Szepter in ihrer Eigenschaft als Herrscherin. So gab der Künstler das Paar in seiner Gegensätzlichkeit wieder.

Epilog: Das Nachleben

DIE »SCHWARZE LEGENDE« ISABEAUS

Über Tote, so sagt der Volksmund, solle man nicht schlecht reden. Doch mit Isabeau ging die Nachwelt so schonungslos ins Gericht wie mit kaum einer anderen historischen Persönlichkeit aus dieser Zeit. Während die gewiss nicht reinen Westen der machtbewussten und gewalttätigen Herzöge von Burgund und Orléans längst in der Kleiderkammer der Geschichte verschwunden sind, hielt sich die »schwarze Legende« der Königin dagegen außergesprochen hartnäckig und erfuhr seit dem 18. Jahrhundert regelrechte Popularität. Die Wurzeln ihres schlechten Rufes wurden dabei schon zu ihren Lebzeiten gelegt, denn die burgundische Propaganda unterließ nichts, um sie zu diffamieren und ihr den Ruin des Königreiches anzuhängen. Pamphlete und allegorische Gedichte mit anzüglichen Aussagen wie »Der wahrhaftige Traum« und »Le Pastoralet« stammten aus der Feder proburgundischer Autoren und waren politisch motiviert. Der Reichtum des Burgunders erleichterte es, Parteigänger zu kaufen und im Volk »Stimmungsmache« durch angeworbene Agenten zu betreiben. Selbst an der Pariser Universität saßen seine bezahlten Gefolgsleute. Die armagnacische Seite zog nach, hielt der Königin Landesverrat durch den Vertrag von Troyes vor.

Beiden Seiten ging es bei ihren Propagandafeldzügen darum, Isabeau als Figur im Spiel um die politische Macht zu diskreditieren und für den jeweils anderen zu marginalisieren. Dabei verbanden sich Elemente der Herrscherkritik – Führungsmangel, Verantwortungslosigkeit, dynastische Vorteilsnahme – mit Vorurteilen »typisch weiblicher« Schwäche – Wankelmütigkeit, Prunksucht, Neigung zu Ausschweifung und ehelicher Untreue. Als Frau und Königin zog Isabeau doppelte Kritik auf sich.

Die offiziöse Chronistik zeichnete die in Umlauf befindlichen Gerüchte ab, ohne sie auf ihren Wahrheitsgehalt zu überprüfen. Auch die Werke von Froissart, Monstrelet oder Juvénal des Ursins überliefern »Gerede im Volk«, »schmutzige

Dinge« und unappetitliche Affären. Das so tradierte Bild verfestigte sich mit dem erstarkenden Nationaldenken des 18. und 19. Jahrhunderts. Die erneut brodelnde Gerüchteküche fand einen vorläufigen Höhepunkt in der romanhaften Biografie des Marquis de Sade (1814), der aus Isabeau ein wahres Monster machte. Sie war die Frau, die mit ihrem schlechten Lebenswandel und ihrer Blutrünstigkeit Frankreich in den Ruin getrieben haben soll. Während im Gegenzug die Jungfrau von Orléans zur Nationalheldin hochstilisiert, ab 1920 sogar als Heilige verehrt wurde, geriet Isabeau immer stärker ins Abseits. Man sagte ihr sogar nach, die heimliche Mutter der Johanna von Orléans zu sein – ein Vorwurf, der die Phantasie etlicher Verschwörungstheoretiker bis ins 20. Jahrhundert hinein intensiv beschäftigte. Die Königin stand nicht mehr nur als verschwendungssüchtig, korrupt und leichtsinnig da, sondern auch noch als Ehebrecherin, die ihren kranken Mann mit ihrem Schwager Ludwig von Orléans betrogen haben soll.

Ihr schlechter Ruf schwappte sogar nach Deutschland hinüber, wo Friedrich Schiller sie in seinem Drama »Die Jungfrau von Orleans« (1801) verewigte: »Auch sie, die alte Königin, sieht man, die stolze Isabeau, die Bayernfürstin, in Stahl gekleidet durch das Lager reiten, mit giftigen Stachelworten alle Völker zur Wut aufregen wider ihren Sohn, den sie in ihrem Mutterschoß getragen!«, heißt es im Prolog zum dritten Auftritt. Im Gegensatz zur Retterin Frankreichs, der lupenreinen Lichtgestalt Johanna, wird Isabeau hier wegen ihres Paktes mit den Engländern zur Landesverräterin abgestempelt.

Die Verleumdungen zu entkräften, fiel nicht leicht. Nur mühsam gelang es der Geschichtswissenschaft, das Legendendickicht zu durchbrechen. Akribische Studien zu Isabeaus Hofhaltung, zu ihren Finanzen und zu ihrem Itinerar halfen, sie allmählich gerechter zu beurteilen, nämlich als eine Frau, die verzweifelt versuchte, zwischen den Parteien zu vermitteln und dem Reich den Frieden zu erhalten, wenn auch vergeblich. Ihre rechtlich schwache Position setzte ihrem Handeln enge Grenzen. Doch diese wenig spektakuläre Erkenntnis setzte sich nur langsam durch.

Deshalb soll das letzte Wort in dieser Geschichte auch nicht Schiller haben, der Isabeau in seinem Drama mit den Worten »Fluch treffe sie! Und möge Gott sie einst wie jene stolze Jesabel verderben!« verdammt, sondern ein Zeitgenosse, der Chronist Jean Froissart, der im IV. Buch seiner Chroniken schrieb: »Die gute Königin von Frankreich war eine wackere Dame, die Gott fürchtete und liebte, die tief betrübt über das Leiden ihres Mannes war und deshalb mehrere schöne Almosen und Prozessionen angeordnet hatte, insbesondere in der Stadt von Paris.« Man mag dagegenhalten, dass Froissart zu früh starb, um die zweite Phase des Hundertjährigen Krieges und damit den radikalen Imagewechsel Isabeaus mitzuerleben. Doch sein Zeugnis wurde später von einem anderen Chronisten, Marcial de Paris, bestätigt, der ein Geschichtswerk über Karl VII. schrieb und aus der Rückschau (1493) über die viele Jahrzehnte zuvor verstorbene Königin zu berichten wusste: »Sie war zu ihrer Zeit sehr barmherzig, gab manche Almosen auf sanfte und liebenswürdige Weise dem Volk und sie wurde deshalb sehr beweint und beklagt.«

Isabeau, die sich im Rahmen ihrer von Terror, Krieg und Machtintrigen zerrissenen Zeit bewegen musste, tat, was man damals von einer hohen Dame ihres Standes erwartete: Sie kümmerte sich um die Familie, gab Almosen und bereicherte das Hofleben. Vor diesem Hintergrund war sie eine »gute Königin«, unabhängig von ihren persönlichen Eigenschaften und Fähigkeiten.

Zeittafel

1370	Geburt Elisabeths/Isabeaus, vermutlich in München
1381	Tod der Mutter Thaddäa Visconti am 28. September
1385	Heirat mit Karl VI. von Frankreich in Amiens am 17. Juli
1386	Geburt des ersten Kindes Karl
1388	Geburt der Tochter Johanna
1389	Offizieller Einzug Isabeaus in Paris am 22. August; Krönung in der Sainte-Chapelle am 23. August; Geburt der Tochter Isabella
1391	Geburt der Tochter Johanna
1392	Geburt des Sohnes Karl; erster Wahnsinnsanfall von Karl VI. während eines Feldzugs im Forst von Le Mans am 5. August
1393	Schweres Unglück mit Todesopfern auf dem »Tanz der Brennenden« (Bal des Ardents) am 28. Januar; Geburt der Tochter Marie; Einrichtung einer eigenen Rechnungs- und Silberkammer für Isabeau
1395	Geburt der Tochter Michelle
1397	Geburt des Sohnes Ludwig
1398	Geburt des Sohnes Johann
1401	Gründung des »Minnehofes« durch Philipp den Kühnen; Geburt der Tochter Katharina
1402	Gestärkte Vollmachten für Isabeau im Falle der »Abwesenheiten« des Königs; Heirat Ludwigs des Bärtigen mit Anna von Bourbon
1403	Übertragung des Aufsichtsrechts über die Krondomänen; Geburt des Sohnes Karl, nachmalig König Karl VII.
1404	Tod Philipps des Kühnen von Burgund am 27. April; starke Rivalität zwischen den Häusern Burgund und Orléans; Indienstnahme einer Mätresse für Karl VI.
1405	»Himmelfahrtspredigt« des Mönchs Jakob Legrand vor dem königlichen Hof; Einsetzen des Stimmungswandels gegen Isabeau; Flucht des Hofes nach Melun; Verpfändung des »Goldenen Rössls« an Ludwig den Bärtigen wegen ausstehender Geldzahlungen

1407 Geburt des letzten Kindes, Philipp; Ermordung des Königsbruders Ludwig von Orléans; Flucht Johann Ohnefurchts aus Paris

1408 Rechtfertigung des »Tyrannenmordes« durch den Theologen Jean Petit

1409 scheinbare Aussöhnung zwischen den Häusern Burgund und Orléans im Frieden von Chartres

1410 Zusammenschluss der Gegner Burgunds in der Liga von Gien unter Führung Bernhards von Armagnac; Beginn des Bürgerkrieges

1412 Landung englischer Truppen in Frankreich; erste Vertreibung Ludwigs des Bärtigen aus Paris

1413 Einberufung der Generalstände nach Paris wegen Finanzmisere; Bürgeraufstand unter Führung Simon Caboches zur Durchsetzung von Reformen; Verhaftung von Ludwig dem Bärtigen und anderen hochrangigen Hofleuten; Zusammenbruch des Aufstandes im August; Heirat Ludwigs des Bärtigen mit Katharina von Alençon; Paris unter Herrschaft Bernhards von Armagnac

1415 Schwere Niederlage der französischen Truppen gegen die Engländer in der Schlacht von Azincourt am 25. Oktober; Ausscheiden Ludwigs des Bärtigen aus der französischen Politik

1417 Verbannung Isabeaus nach Tours, »Befreiung« durch den Herzog von Burgund, Einzug in Troyes

1418 Einrichtung einer Gegenregierung in Troyes durch Isabeau; Sturz Bernhards von Armagnac durch Johann Ohnefurcht von Burgund in Paris; Rückkehr Isabeaus nach Paris

1419 Ermordung Johann Ohnefurchts auf der Brücke von Montereau durch Gefolgsleute des Kronprinzen Karl am 10. September

1420 Vertrag von Troyes: Begründung einer Personalunion zwischen den Königreichen England und Frankreich; Heirat des englischen Königs Heinrich V. mit Katharina von Valois am 2. Juni; Verlust der Thronfolge für Karl VII.

1422 Tod Heinrichs V. am 31. August; Tod Karls VI. am 21. Oktober; Rückzug Isabeaus aus dem politischen Leben; Johann von Bedford Regent für Frankreich

1429 Krönung Karls VII. in Reims durch die Hilfe Johannas von Orléans am 17. Juli

1431 Krönung von Isabeaus Enkel, Heinrich VI., zum französischen König in Paris

1435 Friede von Arras: Ausgleich zwischen dem Herzog von Burgund und Karl VII.; Tod Isabeaus in Paris am 30. September

Stammbaum Isabeau de Baviére

Ks. Ludwig IV. der Bayer
(1282–1347)
⚭ (1) Beatrix v. Schlesien-Glogau (um 1290–1322)
⚭ (2) Margarete v. Holland (um 1296–1356)

(1)

Stephan II.
Hzg. v. Bayern
(um 1319–75)
⚭ (1) Elisabeth v. Sizilien (1309–49)
⚭ (2) Margarete Bgfin. v. Nürnberg (1333–77)

Ludwig V.
Hzg. v. Bayern
(um 1319–75)

(1)

Stephan III.
Hzg. v. Bayern-Ingolstadt
(um 1337–1413)
⚭ (1) Thaddäa Visconti (1350–81)
⚭ (2) Elisabeth v. Kleve (um 1378–1439)

Friedrich der Weise
Hzg. v. Bayern-
Landshut
(1339–93)

Johann II.
Hzg. v. Bayern-
München
(1341–97)

(1)

Ludwig VII.
der Bärtige
Hzg. v. Bayern-Ingolstadt
(um 1368–1447)
⚭ (1) Anna v. Bourbon
(1380–1408)
⚭ (2) Katharina v. Alençon
(um 1395–1462)

Isabeau de Bavière ⚭ **Karl VI.**
(1370–1435)

Kg. v. Frankreich
(1368–1422)

(1)

Ludwig VIII. der Bucklige
Hzg. v. Bayern-Ingolstadt
(1403–1445)
⚭ Margarete v. Brandenburg
(1410–65)

Johann
(*/† 1404)

Aus der Ehe gehen keine Kinder hervor; die Linie Bayern-Ingolstadt erlischt 1447

Karl
(*/† 1386)

Johanna
(1388–90)

Isabella
(1389–1409)
⚭ (1) Richard II.,
Kg. v. England
(1367–1400)
⚭ (2) Karl, Hzg. v.
Orléans (1394–1465)

Johanna
(1391–1433)
⚭ Johann VI.,
Hzg. d. Bretagne
(1389–1442)

Karl
(1392–1401)

Franz I.
Hzg. v. Bretagne
(1414–50)

Peter II.
Hzg. v. Bretagne
(1418–57)

- Johann II. der Gute, Kg. v. Frankreich (1315–61) ⚭ (1) Jutta/Bonne v. Luxemburg (1315–49) ⚭ (2) Johanna v. Boulogne (1326–60)
  - (1)
    - Karl V. der Weise, Kg. v. Frankreich (1338–80) ⚭ Johanna/Blanche v. Bourbon (1338–78)
      - Johanna (1357–60)
      - Marie (1370–77)
      - Ludwig Hzg. v. Orléans (1372–1407) ⚭ Valentina Visconti (1368–1408)
        - Karl, Hzg. v. Orléans (1394–1465)
      - Isabelle (1373–77)
      - Katharina (1377–88) ⚭ Johann v. Berry († um 1401)
    - Ludwig I. v. Anjou (1339–84) ⚭ Marie von Châtillon-Blois (1343–1404)
    - Johann v. Berry (1340–1416) ⚭ (1) Jeanne d'Armagnac (um 1346–87) ⚭ (2) Johanna v. Auvergne (1378–1423)
    - Philipp II. der Kühne Hzg. v. Burgund (1342–1404) ⚭ Margarete v. Flandern (1350–1404)
      - Johann Ohnefurcht Hzg. v. Burgund (1371–1419) ⚭ Margarete v. Bayern (1363–1423)
        - Philipp der Gute Hzg. v. Burgund (1396–1467) ⚭ (1) Michelle de Valois (1395–1422) ⚭ (2) Bonne d'Artois (1396–1425) ⚭ (3) Isabel de Portugal (1397–1471)

- Marie 393–1438) Nonne in Poissy
- Michelle (1395–1422) ⚭ Philipp der Gute, Hzg. v. Burgund (1396–1467)
- Ludwig (1397–1415) ⚭ Margarete v. Burgund († 1441)
- Johann (1398–1417) ⚭ Jakobäa v. Hennegau-Holland (1401–36)
- Katharina (1401–38) ⚭ (1) Heinrich V., Kg. v. England (1387–1422) ⚭ (2) Owen Tudor (um 1400–61)
  - (1)
    - Heinrich VI., Kg. v. England (1421–71)
- Karl VII., Kg. v. Frankreich (1403–61) ⚭ Maria v. Anjou (1404–63)
  - Ludwig XI., Kg. v. Frankreich (1423–83)
- Philipp (*/† 1407)

Literaturverzeichnis

QUELLEN

Chartier, Jean J.: Chronique de Charles VII, roi de France, Bd. 1–3, ed. Vallet de Viriville, Paris 1858

Christine de Pizan: Das Buch von der Stadt der Frauen, aus dem Mittelfranzösischen übersetzt, mit einem Kommentar und einer Einleitung versehen von Margarete Zimmermann, Berlin 1986

Dies.: Der Schatz der Stadt der Frauen. Weibliche Lebensklugheit in der Welt des Spätmittelalters. Ein Quellentext übersetzt von Claudia Probst, herausgegeben und eingeleitet von Claudia Opitz, Freiburg i. Br. 1996

Deschamps, Eustache: Oeuvres complètes, ed. Queux de la Saint-Hilaire et Gaston Raynaud, Bd. 1–11, Paris 1878–1903

Froissart, Jean: Chroniques, ed. Kervyn de Lettenhove, Bd. 1–17, Brüssel 1867–1872 und ed. Siméon Luce/Gaston Raynaud, ab Bd. 13 Albert Mirot/Léon Mirot (Société de l'Histoire de France), Bd. 1–15, Paris 1869–1975

Journal d'un bourgeois de Paris 1405–1449, ed. Alexandre Tuetey (Publications de la Société de l'Histoire de Paris, Document 3), Paris 1881, dt. Übersetzung von Henriette Beese: Leben in Paris im Hundertjährigen Krieg. Ein Tagebuch, Frankfurt a. M. 1992

Juvénal des Ursins, Jean: Histoire de Charles VI, Roy de France et des choses memorables advenues durant quarante-deux années de son règne, depuis 1380 jusque à 1422, ed. Joseph François Michaud et Jean Joseph François Poujoulat (Nouvelle collection des mémoires, 2) Paris 1836

La Geste des Ducs, Le Pastoralet, Textes latins, ed. Kervyn de Lettenhove, Bd.1–3, Brüssel 1870–1876

Le songe véritable. Pamphlet politique d'un Parisien du XV. siècle, ed. h. Moranvillé (Mémoires de la Société de l'Histoire de Paris et de l´Ile de France, 17/1890), Paris 1891

Marcial de Paris, dit d'Auvergne: Les vigilles de la mort du feu roy Charles septiesme a neuf pseaulmes et a neuf lecons contenans la cronique et les faitz aduenuz durant la vie dudit feu roy, Paris 1493

Monstrelet, Enguerrand de: Chronique, 1400–1444, Bd. 1–6, ed. Louis Douet-d'Arcq, Paris 1856–1862

Chronique du Religieux de Saint-Denys, contenant le règne de Charles VI, ed. Louis Francois Bellaguet (Documents inédits sur l'histoire de France), Bd. 1–6, Paris 1839–1852

LITERATUR

Adams, Tracy: The Life and Afterlife of Isabeau of Bavaria, Baltimore 2010

Albrecht, Stephan: Die Inszenierung der Vergangenheit im Mittelalter. Die Klöster von Glastonbury und Saint-Denis, München/Berlin 2003

Bauch, Kurt: Das mittelalterliche Grabbild. Figürliche Grabmäler des 11. bis 15. Jahrhunderts in Europa, Berlin/New York 1976

Baumstark, Reinhold (Hrsg.): Das Goldene Rössl. Ein Meisterwerk der Pariser Hofkunst um 1400, Katalog zur gleichnamigen Ausstellung des Bayerischen Nationalmuseums, München 1995

Brückner, Wolfgang: Bildnis und Brauch. Studien zur Bildfunktion der Effigies, Berlin 1966

Brunner, Andreas: Die Wittelsbacher. Glanz und Glorie einer Dynastie, Berlin 2011

Clin, Marie-Veronique: Isabeau de Bavière. Die verkannte Königin auf Frankreichs Thron, München 2001

Droste, Hilja/Droste, Thorsten: Paris. Spaziergänge durch die Seine-Metropole (DuMont Kunstreiseführer), Ostfildern 2012

Ehlers, Joachim: Der Hundertjährige Krieg, München 2012

Ders. (Hrsg.): Deutschland und der Westen Europas im Mittelalter, Stuttgart 2002

Ders./Müller, Heribert/Schneidmüller, Bernd: Die französischen Könige des Mittelalters. Von Odo bis Karls VIII. 888–1498, München 2006

Erlande-Brandenburg, Alain: Die Abteikirche von Saint-Denis. (Bd. II.) Die Königsgrabmäler, Paris 1986

Freigang, Christian/Schmitt, Jean-Claude (Hrsg.): Hofkultur in Frankreich und Europa im Spätmittelalter, (Passagen/Deutsches Forum für Kunstgeschichte, Bd. 11), Berlin 2005

Guenée, Bernard: La folie de Charles VI. Roi Bien-Aimé, Perrin 2004

Hirschbiegel, Jan: Étrennes. Untersuchungen zum höfischen Geschenkverkehr im spätmittelalterlichen Frankreich der Zeit König Karls VI. (1380–1422), München 2003

Hubensteiner, Benno: Bayerische Geschichte. Staat und Volk, Kunst und Kultur, München 1980

Kimm, Heidrun: Isabeau de Bavière, reine de France 1370–1435. Beitrag zur Geschichte einer bayerischen Herzogstochter und des französischen Königshauses, München 1969

Kintzinger, Martin: Die zwei Frauen des Königs. Zum politischen Handlungsspielraum von Fürstinnen im europäischen Spätmittelalter, in: Hirschbiegel, Jan/Paravicini, Werner (Hrsg.): Das Frauenzimmer. Die Frau bei Hofe in Spätmittelalter und früher Neuzeit (Residenzforschung, Bd. 11), Stuttgart 2000, S. 377–398

Ders.: Westbindungen im spätmittelalterlichen Europa. Auswärtige Politik zwischen dem Reich, Frankreich, Burgund und England in der Regierunszeit Kaiser Sigmunds, Stuttgart 2000
Markale, Jean: Isabeau de Bavière. Die Wittelsbacherin auf Frankreichs Thron, München 1994
Panzer, Marita A.: Wittelsbacherinnen. Fürstentöchter einer europäischen Dynastie, Regensburg [2]2017
Paris 1400. Les arts sous Charles VI. (Paris, Musée du Louvre 22 mars–12 juillet 2004), Paris 2004
Saller, Martin: Königin Isabeau. Die Wittelsbacherin auf dem Lilienthron, München 1979
Schmid, Alois/Weigand, Katharina (Hrsg.): Bayern mitten in Europa. Vom Frühmittelalter bis ins 20. Jahrhundert, München 2005
Ders./Weigand, Katharina (Hrsg.): Die Herrscher Bayerns. 25 historische Portraits von Tassilo III. bis Ludwig III., München 2001
Schnith, Karl Rudolf (Hrsg.): Frauen des Mittelalters in Lebensbildern, Graz/Wien/Köln 1997
Schönewald, Beatrix: Die Herzoginnen von Bayern-Ingolstadt, in: Sammelblatt des Historischen Vereins Ingolstadt, Bd. 113 (2004), S. 35–54
Schwarzenbeck, Engelbert: Wittelsbacher auf Europas Thronen, Regensburg 2014
Scott, Margaret: Kleidung und Mode im Mittelalter, Darmstadt 2009
Slanicka, Simona: Krieg der Zeichen. Die visuelle Politik Johanns ohne Furcht und der armagnakisch-burgundische Bürgerkrieg, Göttingen 2002
Sohn, Andreas: Von der Residenz zur Hauptstadt. Paris im hohen Mittelalter, Ostfildern 2012
Straub, Eberhard: Die Wittelsbacher, Berlin 1994
Straub, Theodor: Herzog Ludwig der Bärtige von Bayern-Ingolstadt und seine Beziehungen zu Frankreich in der Zeit von 1391 bis 1415, Kallmünz 1965
Ders.: Die Bayern in Paris zur Zeit der Königin Isabeau de Bavière, in: Albrecht, Dieter/Kraus, Andreas/Reindel, Kurt (Hrsg.): Festschrift für Max Spindler zum 75. Geburtstag, München 1969, S. 239–281
Ders.: Isabeau de Bavière. Legende und Wirklichkeit, in: Zeitschrift für bayerische Landesgeschichte 44 (1981), S. 131–155
Ders.: Isabeau de Bavière. Königin von Frankreich (Ausstellung im Herzogskasten, 4.11.–1.12.1985), Ingolstadt 1985
Ders.: Ludwig der Bärtige, Mythos und Wirklichkeit, in: Sammelblatt des Historischen Vereins Ingolstadt, Bd. 110 (2001), S. 75–90
Spindler, Max (Hrsg.): Handbuch der bayerischen Geschichte, Bd. 2: Das alte Bayern. Der Territorialstaat vom Ausgang des 12. Jahrhunderts bis zum Ausgang des 18. Jahrhunderts, München 1977

Thiel, Erika: Geschichte des Kostüms. Die europäische Mode von den Anfängen bis zur Gegenwart, Berlin 1973
Treffer, Gerd: Elisabeth von Bayern – Schillers verleumdete »Bayern-Fürstin«, in: Ders.: Die französischen Königinnen. Von Bertrada bis Marie Antoinette (8.–18. Jh.), Regensburg 1996, S. 197–207
Volkert, Wilhelm: Geschichte Bayerns, München 2010
Vollrath, Hanna/Fryde, Natalie (Hrsg.): Die englischen Könige im Mittelalter. Von Wilhelm dem Eroberer bis Richard III., München 2004
Von Boehn, Max: Die Mode. Eine Kulturgeschichte vom Mittelalter bis zum Barock, München 1996

Bildnachweis

akg-images: 29
Bayerisches Nationalmuseum München: 61 (Relief: Modell zum Grabstein Herzog Ludwigs des Bärtigen, Inv.-Nr. MA 936, Foto Nr. D27834, © Bayerisches Nationalmuseum München)
Fotolia: 15 (rudiernst), 30 (Ivan Nakonechnyy), 34 (kovalenkovpetr), 117 (Vlastimil Šesták), 123 (Patricia)
Genf Bibliothèque publique et universitaire: 55 (Ms. fr. 165)
https://commons.wikimedia.org: 46 (Philippe de Mazerolles, British Library), 92 (Bischöfliche Administration der Kapellstiftung), 107
Karin Schneider-Ferber: 11, 21, 23, 39, 41, 42, 70, 119, 125, 130
Paris Bibliothèque Nationale: 51 (Ms. fr. 2646, fol. 153), 128 (Ms. Fr. 5054, fol. 87r)

Umschlagmotive: vorne: Statue der Isabeau de Bavière, Abguss der Originalstatue aus dem Justizpalast von Poitiers in der »Cité de l'architecture et du patrimoine«, Paris (Foto: Karin Schneider-Ferber); hinten: Christine de Pisan überreicht Isabeau de Baviére ihr Buch. – Buchmalerei aus »Maître de la Cité des Dames«, um 1415 (Foto: ullstein bild | United Archives / World History Archive)

Bibliografische Information der Deutschen Nationalbibliothek
Die Deutsche Nationalbibliothek verzeichnet diese Publikation in der Deutschen Nationalbibliografie; detaillierte bibliografische Daten sind im Internet über http://dnb.dnb.de abrufbar.

ISBN 978-3-7917-2875-9

Reihen-/Umschlaggestaltung und Layout: Martin Veicht, Regensburg
Satz: Vollnhals Fotosatz, Neustadt a. d. Donau
Druck und Bindung: Friedrich Pustet, Regensburg
Printed in Germany 2018

Diese Publikation ist auch als eBook erhältlich:
eISBN 978-3-7917-6125-1 (epub)

Weitere Publikationen aus unserem Programm
finden Sie auf www.verlag-pustet.de
Informationen und Bestellungen unter verlag@pustet.de